Daniela

Madriz

¡Déjame ver!

Lectura

Scott Foresman

¡Déjame ver!

Desde el pasado hasta el presente

¿Ya llegamos?

Imaginación@niños

Scott Foresman

Conozcamos al ilustrador de la portada
A Daniel Craig le encantaban los dinosaurios cuando era niño. Hoy día en su casa de Minneapolis sus únicas mascotas son dos gatos, Isaac y Noah, y un perro llamado Winston. Con frecuencia estas mascotas aparecen en sus ilustraciones.

ISBN 0-673-60553-1

2 3 4 5 6 7 8 9 10-VH-06 05 04 03 02 01 00

¡Déjame ver!

Lectura

Scott Foresman

Autores del programa

George M. Blanco

Ileana Casanova

Jim Cummins

George A. González

Elena Izquierdo

Bertha Pérez

Flora Rodríguez-Brown

Graciela P. Rosenberg

Howard L. Smith

Carmen Tafolla

Scott Foresman

Oficinas editoriales: Glenview, Illinois • New York, New York
Oficinas de ventas: Reading, Massachusetts • Duluth, Georgia • Glenview, Illinois
Carrollton, Texas • Menlo Park, California

Contenido

DESDE EL PASADO

HASTA EL PRESENTE

Lección de destrezas: Tema **12**

Relacionar lecturas

El banquete de Anansi **14**
cuento folklórico narrado por Tololwa M. Mollel
La glotona Anansi logra engañar a Akye. ¿Podrá Akye desquitarse?

La zorra y la cigüeña **34**
fábula de Esopo adaptada para obra de teatro por Suzanne I. Barchers

Lección de destrezas: Ambiente **38**

Mamá y papá tienen un almacén **40**
autobiografía por Amelia Lau Carling
Descubre cómo transcurren los días de una niña en un almacén de Guatemala.
   Conexión: Estudios sociales

Lección de destrezas: **Causa y efecto** **58**

Los pájaros de la cosecha **60**
cuento folklórico narrado por Blanca López de Mariscal
Averigua por qué toda la gente del pueblo quiere que Juan Zanate trabaje con ellos.

Lección de destrezas: **Comparación y contraste** **80**

Relacionar lecturas

Un grano de arroz **82**
cuento folklórico narrado por Demi
Rani le tiende una trampa al rajá y éste aprende a compartir con su pueblo.
  Conexión: Matemáticas

¿De dónde proviene el arroz? **105**
artículo informativo por Lynne Merrison
  Conexión: Estudios sociales

Lección de destrezas: **Predecir** **108**

La mujer que brillaba
aún más que el sol **110**
cuento folklórico narrado por Harriet Rohmer y David Schecter,
de un poema por Alejandro Cruz Martínez
Una mujer misteriosa le enseña a un pueblo una lección valiosa sobre la bondad.

Poemas

Oscuridad **128**
por Humberto Ak'abal

Arañas **128**
por Humberto Ak'abal

Vuelo.. **129**
por Humberto Ak'abal

Piedras **129**
por Humberto Ak'abal

Las estrellas **130**
por Nelly Palacio Jaramillo

La Osa de los Cielos **131**
poema mohawk

Unidad 4

Contenido

¿Ya llegamos?

Lección de destrezas: Expresar opiniones **134**

Relacionar lecturas

El canto de las palomas **136**
autobiografía por Juan Felipe Herrera
El autor recuerda su niñez al lado de su familia y comunidad de campesinos.
    Conexión: Estudios sociales

Las distintas caras del español **155**
texto informativo por Marisa Gast   Conexión: Estudios sociales

Lección de destrezas: Propósito del autor **158**

Relacionar lecturas

Tom **160**
cuento fantástico por Daniel Torres
¿Crees que un dinosaurio y un niño pueden ser los mejores amigos del mundo?

Jaguar con papel de seda **185**
artículo con instrucciones de *Dibujar y crear animales*   Conexión: Arte

TOM
Daniel Torres

Calling the Doves
El canto de las palomas
Story by / Escrito por Juan Felipe Herrera
Pictures by / Ilustrado por Elly Simmons

Lección de destrezas: Predecir **188**

La pelota **190**
cuento fantástico por Lluís Solé Serra
Una pelota de fútbol cuenta sus aventuras.

Lección de destrezas: Hechos y opiniones **208**

Relacionar lecturas

Lo que más quiero **210**
biografía por Marie Bradby
Booker T. Washington sueña con aprender a leer algún día.

César Chávez **228**
biografía por Arnold B. Cheyney   Conexión: Estudios sociales

Lección de destrezas: Argumento **230**

El poni de Leah **232**
ficción histórica por Elizabeth Friedrich
Una niña salva la granja de su familia.

Poemas

Caracola **250**
por Federico García Lorca

Barcos **251**
por Alberto Blanco

Árbol de limón **252**
por Jennifer Clement

La luna, un plátano **255**
por Jesús Carlos Soto Morfín

la pelota
Lluís Solé Serra
Carme Solé Vendrell

Contenido

Imaginación@niños

Lección de destrezas: Pasos de un proceso 256

Relacionar lecturas

El piñatero 258
ensayo fotográfico por George Ancona
Tío Rico explica el arte de hacer piñatas.

La colonización del Suroeste 273
artículo de un libro de texto, *Nuestras communidades*
   Conexión: Estudios sociales

Lección de destrezas: Ambiente 276

El viaje de May 278
ficción histórica por Michael O. Tunnell
A May la mandan "por correo" a otro pueblo, donde vive su abuela.

Lección de destrezas: **Visualizar** **296**

Un domingo extraordinario **298**
ficción clásica por Beverly Cleary
¿Qué clase de cena prepararán Ramona y Bea?

Lección de destrezas: **Argumento** **316**

El aullido de los monos **318**
ficción realista por Kristine L. Franklin
La perseverancia de una mujer logra que los monos vuelvan al valle.

Lección de destrezas: **Realismo y fantasía** **340**

Relacionar lecturas

Dos hormigas traviesas **342**
cuento fantástico por Chris Van Allsburg
¿Podrán las hormigas traviesas salir sanas y salvas de sus aventuras?

La caja de Pandora **360**
mito griego narrado por Anne Rockwell

Poemas

Me encantan las palabras **364**
por Maya Angelou

A ti me enviaré **365**
por Woody Guthrie

Una Vaca que come con cuchara **366**
por María Elena Walsh

¿Saben qué le sucede a esa Lombriz? **366**
por María Elena Walsh

Un Nogüipín, un Greti, un Lodricoco **367**
por María Elena Walsh

Glosario **368**

Unidad 6

9

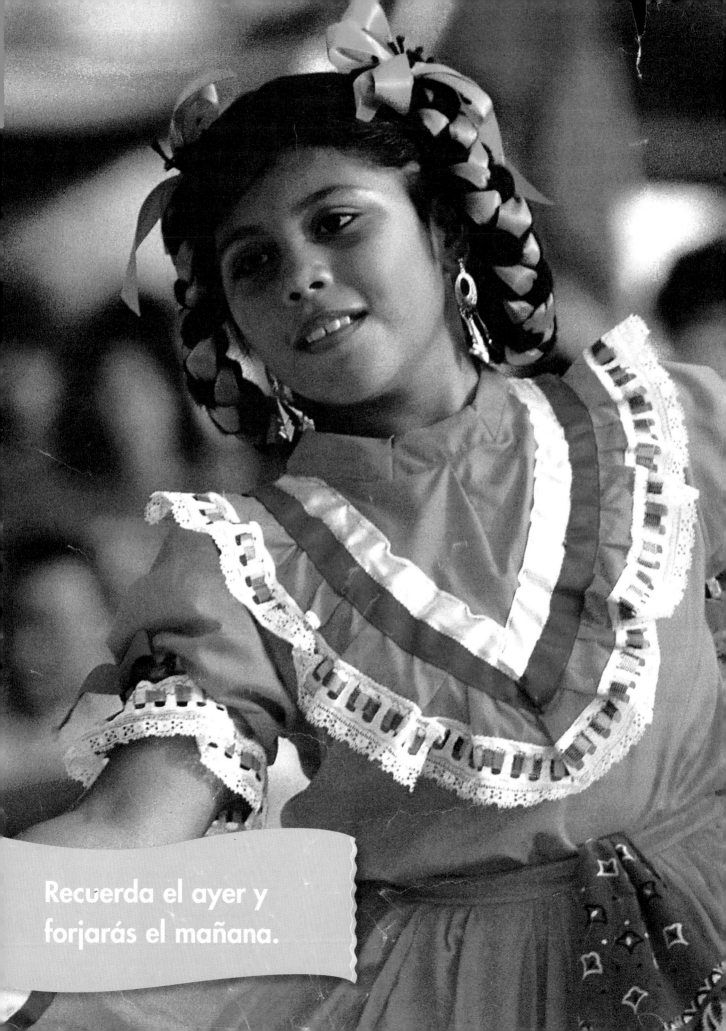

Recuerda el ayer y forjarás el mañana.

DESDE EL PASADO
— HASTA —
EL PRESENTE

¿Cómo nos enriquecen la vida nuestras tradiciones y las de los demás?

Tema

- El **tema** de un cuento es la idea general del cuento.

- Cuando leas un cuento, piensa en lo que el autor o autora quiere que aprendas o entiendas.

- A veces algo de tu propia vida te sirve para entender mejor el tema o idea general.

Lee "El coyote y la cabra", por John Bierhorst.

En tus palabras

1. El tema de este cuento se expresa en la última oración. ¿Qué crees que significa?

2. Otro tema de este cuento podría ser "más vale prevenir que lamentar". ¿Qué experiencia personal te sirve para entender lo que significa?

El coyote y la cabra

Versión indígena americana de una fábula de Esopo narrada por John Bierhorst

Coyote viajaba solo, y por el camino encontró a Barba Blanca, y los dos siguieron el viaje juntos.

Cuando Coyote y Barba Blanca tuvieron sed, se metieron en un pozo y bebieron hasta llenarse. Luego Barba Blanca empezó a mirar a su alrededor para ver cómo podría salir de allí.

—No te preocupes —dijo Coyote—. Sé cómo podemos hacerlo. Sólo tienes que levantarte sobre las patas traseras y apoyar las patas delanteras en ambos

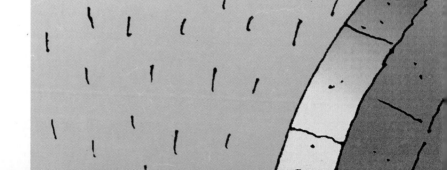

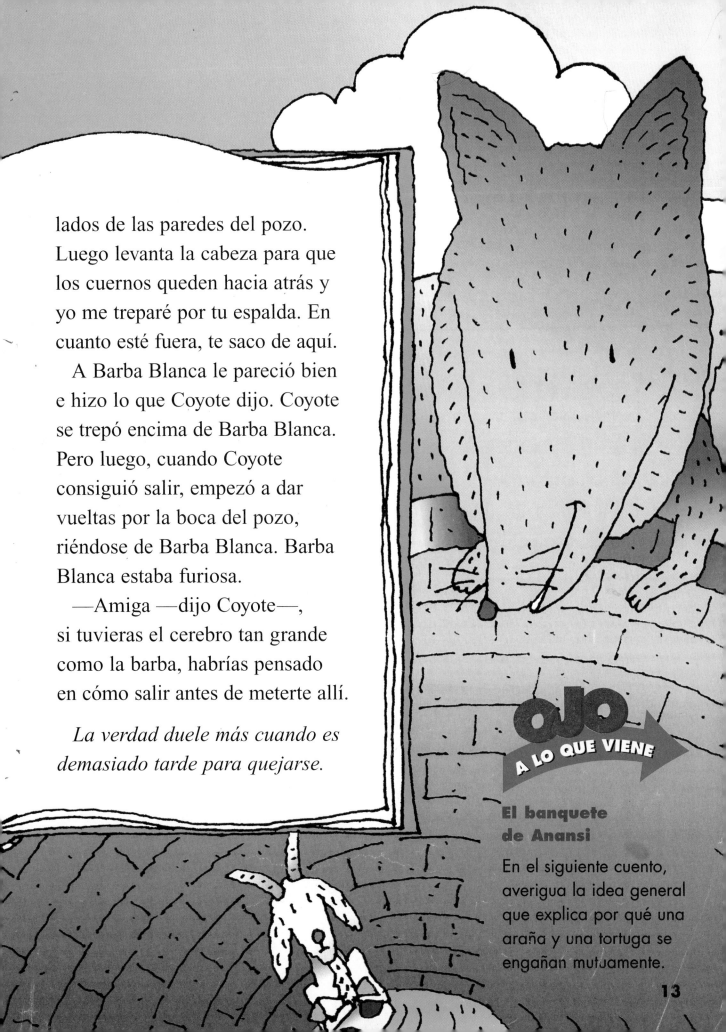

lados de las paredes del pozo. Luego levanta la cabeza para que los cuernos queden hacia atrás y yo me treparé por tu espalda. En cuanto esté fuera, te saco de aquí.

A Barba Blanca le pareció bien e hizo lo que Coyote dijo. Coyote se trepó encima de Barba Blanca. Pero luego, cuando Coyote consiguió salir, empezó a dar vueltas por la boca del pozo, riéndose de Barba Blanca. Barba Blanca estaba furiosa.

—Amiga —dijo Coyote—, si tuvieras el cerebro tan grande como la barba, habrías pensado en cómo salir antes de meterte allí.

La verdad duele más cuando es demasiado tarde para quejarse.

OJO
A LO QUE VIENE

El banquete de Anansi

En el siguiente cuento, averigua la idea general que explica por qué una araña y una tortuga se engañan mutuamente.

13

Palabras nuevas

banquete	colorida	contenta
enjuagó	glotona	refunfuñó

Muchas palabras tienen más de un significado. Para saber cuál se usa en la oración, busca pistas en las demás oraciones.

Lee el siguiente párrafo. Decide si *tomó* significa "bebió" o "agarró".

Una rana astuta

Cuando la rana llegó al <u>banquete</u> con su bata <u>colorida</u>, la araña <u>glotona</u> aparentó estar <u>contenta</u>. En secreto, se quejó y <u>refunfuñó</u>. Pensó que si le ensuciaba la bata a la rana, ésta tendría que volver a casa. Entonces la araña derramó sopa encima de la rana. Pero la rana tomó agua y se <u>enjuagó</u> la bata.

—Por suerte le salió la mancha —dijo, y luego se sentó hasta terminarse su comida.

En tus palabras

¿Cómo crees que se sintió la araña después de oír el comentario de la rana? Usa palabras del vocabulario.

El banquete de Anansi

Cuento ashanti

narrado por Tololwa M. Mollel • ilustrado por Andrew Glass

La tierra estaba caliente y seca. Nadie tenía qué comer, a excepción de la araña Anansi. Antes de la sequía, la astuta Anansi había almacenado comida de su granja y por eso decidió prepararse un banquete.

Anansi cerró la puerta y las ventanas y tapó todas las grietas de su vieja choza.

—No quiero que el delicioso olor de mi comida atraiga a ningún visitante hambriento —refunfuñó.

Pero de algún modo el olor a comida se escapó y la tortuga Akye lo olió. Akye andaba buscando comida en la orilla polvorienta de un río cercano.

"Voy a pasar un rato por casa de mi vieja amiga Anansi", pensó la hambrienta Akye. "Seguro que me da algo de comer".

Anansi estaba preparando la mesa cuando alguien llamó a la puerta. Se quedó quieta, escuchando.

"Sea quien sea, se marchará pronto", pensó.

Pero siguieron llamando a la puerta y Anansi tuvo que abrir. No quería compartir su banquete con nadie. Sin embargo, al ver a su amiga Akye no tuvo valor para decirle que se marchara.

—Ah, eres tú, Akye... —dijo Anansi con una sonrisa—. ¡Pasa, te invito a comer!

Akye clavó la mirada en el montón de comida. No sabía por dónde comenzar.

"Me comeré primero este plátano frito y doradito", pensó. "¡Qué rico se ve! Mira ese camote suave y caliente, y la sopa de pimientos. No, primero me voy a comer el esponjoso arroz de coco y luego esos frijoles cremosos con cacahuates molidos".

Cuando se acercó a servirse el arroz, Anansi
la detuvo.

—¡Tienes las manos sucias! —gritó—. En mi
casa es de buena educación lavarse las manos
antes de comer.

Akye se miró las manos, que estaban sucias y llenas de polvo por su manera de caminar en cuatro patas.

—¿Tienes agua para lavármelas? —preguntó.

—Lo siento, se me acabó —contestó Anansi—. Tienes que ir a lavarte al río.

El río estaba seco y sólo quedaban algunos charcos. Akye se lavó las manos en uno de ellos, y regresó arrastrándose:

a-kye-kye-die

a-kye-kye-die.

La barriga se quejaba ¡*Oyei-yaai oyei-yaai!* mientras pensaba en el esponjoso arroz de coco y en los frijoles cremosos con cacahuates molidos.

Pero la glotona Anansi ya se había comido todo el arroz y los frijoles.

"Bueno, no importa", pensó Akye. "Me comeré el camote caliente y blandito, y también la sopa de pimientos".

—Mírate las manos. No te las has lavado —le reprochó Anansi.

Akye se miró las manos sucias y pensó: "¡Qué raro, si me las lavé! Está bien, iré a lavármelas de nuevo".

Y en el río, Akye se frotó, restregó, enjuagó y secó las manos. Entonces regresó por la orilla del río:

a-kye-kye-die
a-kye-kye-die.

La barriga se quejaba ¡*Oyei-yai-yaai oyei-yai-yaai!* mientras pensaba en el camote caliente y blandito y en la sopa de pimientos.

Al volver, la glotona Anansi ya se estaba terminando el camote y la sopa.

—¡Todavía tienes las manos sucias! —murmuró Anansi.

—Pero, ¡si acabo de lavármelas! —protestó Akye.

—Pues no parece que te las hayas lavado muy bien —contestó Anansi riéndose—. ¡Al río otra vez!

Cuando Akye regresó del río, la astuta Anansi ya se había terminado toda la comida y sonreía con gran satisfacción.

Entonces, Akye se dio cuenta de cómo Anansi la había engañado. Sin embargo, sonrió y le contestó a la glotona Anansi: —Gracias por invitarme a tu banquete. Espero poder invitarte también algún día.

Días después, la sequía terminó. Llovió y llovió. La tierra retoñó y reaparecieron las cosechas. Los ríos rebosaban de peces y cangrejos.

Pero llovió tanto que los campos se convirtieron en pantanos. La cosecha se atrasó y Anansi, que no era buena pescadora, no tenía qué comer. Así que cuando Akye la invitó a un banquete en el fondo del río, Anansi se puso muy contenta.

La araña Anansi se puso una colorida bata
ceremonial para el banquete. Trepó a un alto árbol
que estaba junto a la orilla del río.

Luego se lanzó al agua como una flecha.

Glu glu glu glu glu, comenzó a hundirse.

Pero como no pesaba mucho, Anansi no se hundía.

Así es que *glu glu glu glu glu,* subió hasta quedar flotando sobre la superficie.

Volvió a treparse al árbol, esta vez más arriba, y se lanzó de nuevo.

Glu glu glu glu glu, se hundió.

Glu glu glu glu glu, subió.

Entonces Anansi tuvo una idea.

—¡Ya sé cómo bajar hasta el banquete! —exclamó.

Y llenó con piedras de la playa los enormes bolsillos de su bata. Se trepó a lo más alto del árbol y se lanzó otra vez.

Glu glu glu glu glu, se hundió.

Glu glu glu glu glu, se hundió aún más.

¡Al banqueteeeee…!

Akye, que también tenía puesta una bata ceremonial, estaba sentada a una mesa llena de carne de cangrejo, tierna y sabrosa. Con su pesado caparazón, Akye podía permanecer sumergida sin problemas.

Mientras admiraba la hermosa bata de Anansi, la tortuga notó el bulto que las piedras hacían en los bolsillos.

—¡Qué bata tan bonita! —le dijo sonriendo—. ¿Te importaría quitártela para comer?

—¿Qué? —exclamó Anansi.

—En mi casa —dijo Akye, con tono amable—,
es de buena educación quitarse la bata para comer
—así que comenzó a quitarse la suya.

Anansi no podía permitir que Akye pensara que
era una maleducada. De mala gana también se quitó
la bata. Y aunque trató de agarrarse de la mesa...

Glu glu glu glu glu, subió.

Glu glu glu glu glu, subió.

¡Otra vez a la superficie!

Sin poder regresar al banquete sin su pesada bata, Anansi se sentó temblando en la orilla del río mientras el estómago vacío se quejaba:

¡*Oyei-yai-yai-yaai!*

¡*Oyei-yai-yai-yaai!*

al soñar con la carne de cangrejo, tierna y sabrosa.

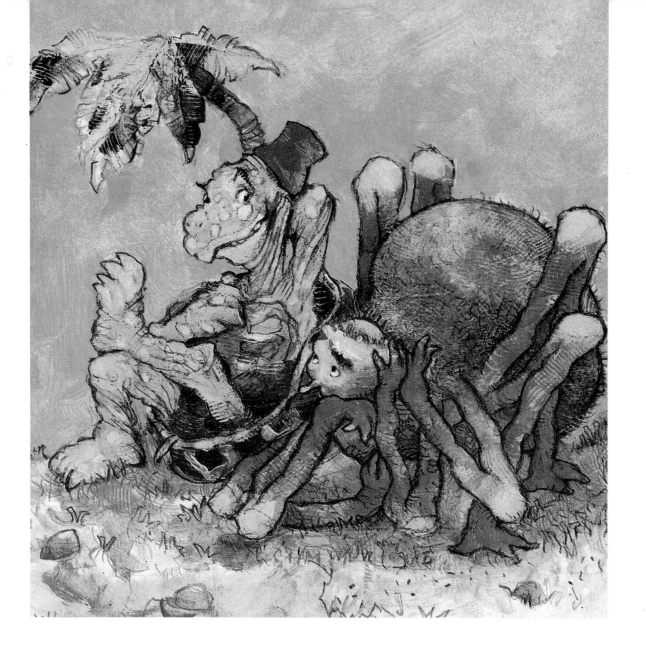

Poco después Akye, bien comida, salió del río:

a-kye-kye-die

a-kye-kye-die.

Con una gran sonrisa de satisfacción, se sentó junto a su amiga Anansi.

—Qué banquete tan rico, ¿verdad? —dijo Akye frotándose el estómago—. Te agradezco mucho que hayas venido. El banquete no habría sido igual sin ti. ¡Cuando quieras hacemos otro!

Tololwa M. Mollel

Tololwa M. Mollel se crió en Tanzania, un país del este de África. Vivió con sus abuelos, que eran cuentacuentos. A él no solamente le gustaba escuchar los cuentos que ellos le contaban, sino también leer los de otras personas y escribir los suyos propios. "Escribía sobre piratas, lámparas mágicas, caballeros y detectives en distintas etapas de mi vida escolar", dice.

Cuando el Sr. Mollel iba a la universidad en Canadá, siguió escribiendo como pasatiempo. Después de casarse y tener un hijo, decidió que quería escribir para niños. ¿Sobre qué podría escribir? Como conocía tantos cuentos folklóricos africanos de su infancia, decidió usar un cuento que le había contado su abuelo. El Sr. Mollel lo llamó *Orphan Boy* ("El niño huérfano"). En este cuento folklórico masai, un niño aprende lo que son los secretos, la confianza y la traición. El Sr. Mollel ha narrado otros cuentos folklóricos de diferentes partes de África. La mayoría de sus cuentos contienen una lección sobre la vida. "Para mí, escribir cuentos para niños es un reto, pero también una satisfacción. Aunque no es fácil explicar ideas complicadas en palabras sencillas, es una gran satisfacción saber que los niños disfrutan mis cuentos".

Coméntalo

Los padres les cuentan este cuento a sus hijos. ¿Por qué crees que lo hacen?

Comprensión de lectura

1. *Mitad y Mitad* y *El banquete de Anansi* son dos cuentos sobre el engaño y las trampas. ¿Qué personaje de estos dos cuentos hace el mejor engaño? ¿Por qué?

2. Piensa en dos o tres palabras para describir a Anansi. Busca partes del cuento que apoyen tu elección.

3. ¿Volverán a comer juntas Anansi y Akye? ¿Por qué?

4. ¿Cuál es la idea más importante, o **tema**, de *El banquete de Anansi?*

5. ¿De qué te puede servir este **tema** en tu propia vida?

¿Qué hay para comer?

Anansi y Akye prepararon un banquete de comidas africanas. ¿Qué servirías tú en un banquete? Piensa en lo que comes en tus celebraciones familiares o en los días de fiesta. Escribe un menú de tus comidas favoritas para un banquete.

La zorra y la cigüeña

narrada por Suzanne I. Barchers

Utilería

Pon varios platos, entre ellos uno plano y una jarra, a un lado del escenario. De este modo se creará un ambiente sin revelar el desenlace del cuento. Para hacer la obra más real, usa servilletas grandes o pañuelos como babero.

Personajes

NARRADOR
ZORRA
CIGÜEÑA

Relacionar lecturas

Leer una fábula

✓ **Busca una historia.** Una fábula tiene principio, medio y final.

✓ **Busca personajes que sean animales.** Los personajes de una fábula son casi siempre animales.

✓ **Busca una lección.** La lección, o moraleja, es la idea principal de una fábula. Generalmente aparece al final de la historia.

Enfoca tu lectura

Esta fábula enseña una lección sobre cómo tratar a los demás. Al leer, piensa en la lección que Anansi aprendió de Akye.

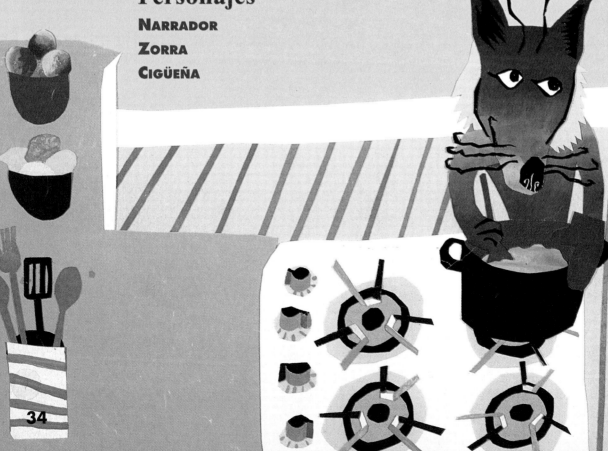

NARRADOR: Había una vez una zorra y una cigüeña que eran muy amigas. Les gustaba hablar de muchas cosas. Un día decidieron cenar juntas.

ZORRA: ¿Por qué no vienes a mi casa a cenar, mi querida amiga? ¡Te preparará mi mejor sopa!

CIGÜEÑA: ¡Qué bien! ¿Cuándo?

ZORRA: Esta misma noche.

NARRADOR: Esa noche, la cigüeña estaba feliz pensando en su tazón de rica sopa. Hasta llegó temprano a la casa de la zorra.

ZORRA: Hola, amiga. No perdamos tiempo. ¡La sopa ya está lista!

NARRADOR: Pero la cigüeña se llevó una sorpresa al ver que la sopa estaba en un plato plano. ¡Con su pico largo no podía tomársela!

CIGÜEÑA: Mi pico es demasiado largo para comer de este plato, Zorra.

ZORRA: Oh, *siento mucho* que no te guste mi sopa…

NARRADOR: Entonces la cigüeña se fue a su casa hambrienta. Pero al día siguiente ella invitó a cenar a la zorra.

CIGÜEÑA: Zorra, olvidemos que anoche me fui a casa hambrienta. ¿Quieres venir a cenar a mi casa esta noche?

ZORRA: Sería un placer.

NARRADOR: Esa noche la zorra fue a la casa de la cigüeña ansiosa por darse un buen banquete.

CIGÜEÑA: Bienvenida, bienvenida, Zorra. Como ya sé que te gusta la sopa, te he preparado *mi* sopa favorita.

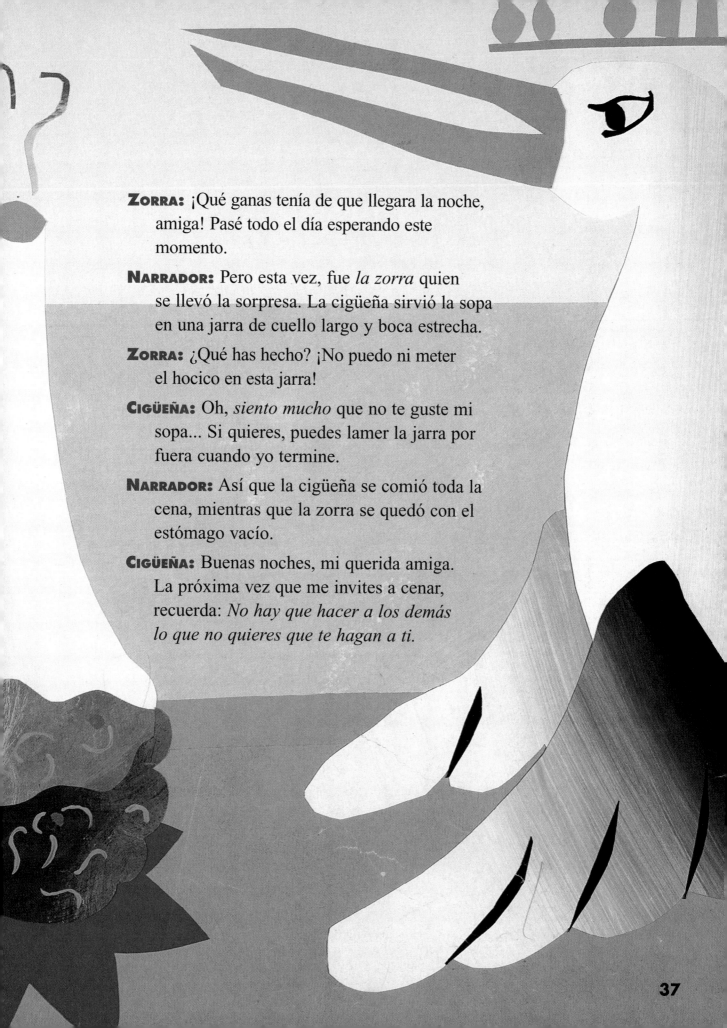

ZORRA: ¡Qué ganas tenía de que llegara la noche, amiga! Pasé todo el día esperando este momento.

NARRADOR: Pero esta vez, fue *la zorra* quien se llevó la sorpresa. La cigüeña sirvió la sopa en una jarra de cuello largo y boca estrecha.

ZORRA: ¿Qué has hecho? ¡No puedo ni meter el hocico en esta jarra!

CIGÜEÑA: Oh, *siento mucho* que no te guste mi sopa... Si quieres, puedes lamer la jarra por fuera cuando yo termine.

NARRADOR: Así que la cigüeña se comió toda la cena, mientras que la zorra se quedó con el estómago vacío.

CIGÜEÑA: Buenas noches, mi querida amiga. La próxima vez que me invites a cenar, recuerda: *No hay que hacer a los demás lo que no quieres que te hagan a ti.*

Ambiente

- El **ambiente** es el tiempo y el lugar en que se desarrolla un cuento.

- Fíjate en los detalles o claves que te dicen cuándo y dónde se desarrolla un cuento.

- Entender el ambiente a veces te ayuda a entender las acciones de un personaje.

Lee "Una excursión con papá", por Allen Say.

Escribe

1. Haz una lista con las palabras que te ayudan a ver el ambiente en "Una excursión con papá".

2. Imagina que también estás con tu papá. Describe el ambiente en una entrada de diario. Léela a un compañero o compañera.

Una excursión con papá
por Allen Say

Salimos temprano en la mañana. Cuando se dispersó la niebla vimos a otros excursionistas delante de nosotros. Papá, claro está, se sintió muy desalentado.

—Hoy vamos a campo traviesa, compañero —me dijo.

—¿Y no nos perderemos?

—Un hombre listo nunca sale de casa sin brújula.

Así que nos salimos del camino. Las colinas pasaban una tras otra. Las montañas pasaban una tras otra. Aquello parecía un poco solitario. Era como si papá y yo fuéramos las únicas personas que quedaban en el mundo.

Luego nos adentramos en un gran bosque. Al mediodía nos detuvimos a almorzar junto a un arroyo y bebimos

agua helada directamente de la corriente. Lancé piedras al agua y los bancos de peces, como sombras, se alejaron veloces en grupos.

—Papá, ¿no te parece que éste es un buen lugar para acampar?

—¿Pero no estábamos buscando nuestro lago?

—Sí, claro... —murmuré.

El bosque parecía no tener fin.

—No quisiera asustarte, hijo —dijo papá—, pero estamos en territorio de osos. Si no queremos sorprenderlos, tenemos que hacer mucho ruido. Así, cuando nos oigan, se alejarán.

¡Vaya momento para decírmelo! Empecé a gritar tan fuerte como pude. Ni siquiera papá sería capaz de defenderse de los osos. Pensé en todas esas personas que se divertían en el lago. También pensé en el arroyo lleno de peces. Aquél hubiera sido un lugar magnífico para acampar.

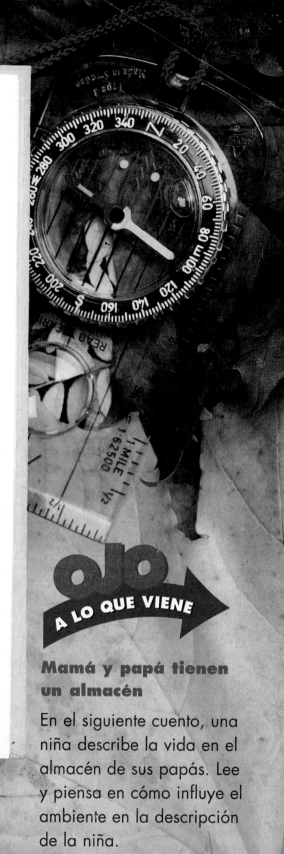

A LO QUE VIENE

Mamá y papá tienen un almacén

En el siguiente cuento, una niña describe la vida en el almacén de sus papás. Lee y piensa en cómo influye el ambiente en la descripción de la niña.

Vocabulario

Palabras nuevas

ábaco	almacén	comedor
fresco	mostrador	techo

Al leer, quizás encuentres palabras que no conozcas. Para averiguar su significado, busca pistas cerca de la palabra desconocida.

Mira cómo se usa *almacén* en el siguiente párrafo. Busca una explicación en las demás oraciones. ¿Qué significa *almacén*?

Un almacén fascinante

Los padres de Elena tienen un <u>almacén</u>. Allí se puede encontrar de todo: muebles de <u>comedor</u>, un <u>ábaco</u> para sumar y restar, un <u>mostrador</u> lleno de distintos productos. Hay muchas ventanas y por ellas entra el aire <u>fresco</u>. Del <u>techo</u> cuelgan faroles. Es el almacén más lindo de la ciudad.

Escribe

Escribe un párrafo sobre lo que te gustaría hacer o comprar en el almacén del párrafo. Usa palabras del vocabulario.

Mamá y papá tienen un almacén

cuento e ilustraciones de Amelia Lau Carling

Tiqui tiqui, taca taca. Ya se oye cerca la mula del lechero. Toca el timbre y deja dos litros de leche en la puerta.

Tiqui tiqui, taca taca. La mula se aleja calle abajo. Suenan las campanas de la iglesia y cantan los gallos. Mis hermanos salen para la escuela. Y así comienza el día.

Mamá y papá tienen un almacén, un almacén chino, en la Ciudad de Guatemala. Venden botones, listones, hilo y telas. Venden también faroles de papel, pelotas de plástico, cohetes y perfumes. Agujas, guantes blancos, manteles, botellas de salsa de soya —en el almacén de mis padres hay de todo. Huele a flores y al aserrín húmedo que se usa para limpiar el piso de baldosas.

Mamá teje sin mirar mientras conversa con unos clientes en español. La llaman doña Graciela, pero en chino su nombre significa "Dama de la Luna".

En su escritorio, papá suma y resta con el ábaco. En español lo llaman don Rodolfo, pero en chino su nombre significa "Laguna Fragante".

Miro la calle desde la entrada del almacén.

—¡Buenos días!

El ciego vende boletos de lotería. He visto a mamá probar suerte con los números y comprar diez boletos a la vez. Así fue como se ganó el carrito que tenemos en el comedor.

La chiclera arregla los dulces en hileras dentro de una caja de madera. Cuando mamá y papá me dan cinco centavos, compro tantos dulces como para llenar mis bolsillos.

Hoy vinieron Santiago y María y su hija Elsita en autobús desde un pueblo indígena que está muy lejos. Sé que le contaron a mamá que viven junto a un lago rodeado por tres volcanes, donde también vivieron sus padres y sus abuelos. ¿Te lo imaginas?

Vinieron a comprar lana para tejer su ropa. María se asoma por encima del mostrador y observa las filas de madejas de hilo en todos los colores que parecen bancos de peces en el agua transparente.

En su español con acento indígena dice: —Verde loro, azul cielo, rojo granada, anaranjado fuego, rosado fuerte y amarillo mango. Esos colores de la selva tropical son los que queremos.

Va a tejer venados, pájaros, conejos y jaguares en la ropa. Lo sé porque a veces me entretengo mirando los diseños tejidos en la ropa de los indígenas que vienen al almacén.

—Café tierra, verde iguana, azul mar, amarillo atardecer. Esos colores del pantano son los que queremos.

En la ropa nueva ella va a tejer agua, truenos, relámpagos y flores.

—Morado volcán, amarillo maíz, rojo chile. Esos colores de los maizales son los que queremos.

Va a tejer niños con sombreros de paja y niñas con canastas en la cabeza.

Don Chema, el chino que vende queso de soya, nos trae *tofu* fresco. Mamá le compra un poco y lo invita a quedarse un rato. Le sirve una taza de té de su termo, que es como los que vende en el almacén.

Mamá, papá y don Chema hablan en voz alta en chino, y ríen y gritan. Hablan sobre Nueve Ríos, su pueblo natal en China; sobre quién se quedó, quién se fue; sobre lo fresco que era el pescado, los platos que no han vuelto a probar desde que escaparon hace ya más de quince años; y sobre sus casas perdidas en una guerra terrible. Se quejan de que el dinero que mandan por correo a China tarda mucho tiempo en llegar.

Es hora de cerrar para ir a almorzar. Nena, Beto, Mando, Chiqui y Adolfo ya regresaron de la escuela. La familia indígena también se va a almorzar y a dormir la siesta en el mercado, que está a sólo una cuadra.

Vamos a comer aquí mismo porque vivimos detrás del almacén. Mamá ya está en la cocina limpiando el pescado, cortando los chiles y picando la carne con dos cuchillos. *Taca, taca, ton. Taca, taca, ton.*

Beto nos llama para que le demos de comer a los peces de la pila que está en medio del patio. Los peces se esconden entre las plantas del fondo, pero suben disparados cuando ven caer las migas de pan en el agua.

El fuego arde en la estufa de leña. La comida se calienta en el *wok* y mamá coloca los platos junto a un montón de tortillas. Mamá, papá y don Chema, que por costumbre se queda a almorzar, hablan de los tíos, las tías, los amigos y los primos de Nueve Ríos, de Hong Kong y de Taiwán. Esa gente y esos lugares están tan lejos que sólo los he visto en las fotografías viejas y en los calendarios antiguos que tenemos colgados por la casa. Pero mis hermanos y yo no les ponemos mucha atención.

Ya queremos terminar de almorzar para subir a la
terraza, arriba de las escaleras viejas que hay junto a la
cocina. Allí papá siembra rosas y lirios chinos en cajones
usados. También tiene un paisaje en miniatura con una
montaña de cemento y pequeñas pagodas y pececitos
de colores nadando a su alrededor.

—Ésta es la famosa Montaña Amarilla de la China
antigua —dice.

Me imagino subir por las cuestas empinadas y
perderme por los peñascos escarpados. ¡Qué maravilloso
debe ser cruzar un puente arqueado y descansar junto
a una pagoda!

Nos subimos al techo, que es fuerte y seguro. Con unas velas, Nena, Beto, Mando y yo enceramos las láminas de hojalata. Luego nos deslizamos una y otra vez en trineos de cartón, riendo todo el tiempo y topando contra la pared del fondo.

Se acerca una nube gris y nos salpica de lluvia. ¡Y ahora sale el arco iris!

Pero mamá llama a mis hermanos porque ya es hora de regresar a la escuela. Don Chema ya se fue a su casa. Mamá se empolva la cara y se pinta los labios. Papá se pone la chaqueta y abre de nuevo el almacén. La familia indígena ya está esperando en la puerta.

—¡Buenas tardes!

La gente entra y sale toda la tarde.

Unas nubes muy, pero muy oscuras, se acercan rápidamente, tapan el sol y dejan caer grandes gotas de lluvia sobre el techo de hojalata. *Pon, pon, pon.* El ruido aumenta, luego disminuye, luego aumenta de nuevo. Papá prende la luz.

—¡Apenas son las tres de la tarde y ya está oscuro! —exclama.

La lluvia golpea el techo. Suena tan fuerte que tenemos que subir la voz para poder oírnos.

Cuando mis hermanos regresan de la escuela, hacemos barquitos de papel para dejarlos flotar a la orilla de la calle.

Luego ellos sacan sus libros y los abren sobre el mostrador para hacer las tareas. De repente, se va la luz. Esto pasa cada vez que llueve mucho. Papá trae las lámparas de gas y las carga mientras nosotros lo alumbramos con las linternas. Cuelga las lámparas sobre los mostradores y con la sombra de las manos hacemos siluetas de animales en el piso.

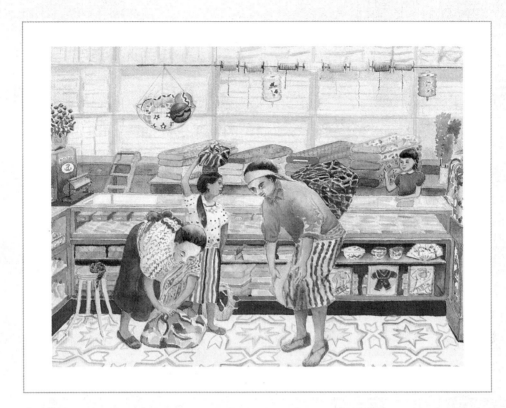

Mamá se va a la cocina para hacer la cena a la luz
de la lámpara, mientras papá se encarga del almacén.

De repente, regresa la luz. Santiago y María recogen
sus cajas de hilos y las atan. Santiago se echa una a la
espalda. María y Elsita las cargan en la cabeza. Tienen que
apurarse para tomar el último autobús que va a su
aldea. Ya es hora de cerrar el almacén. Ahora sólo cae
una llovizna fina. Santiago, María y Elsita son los últimos
en irse.

—¡Buenas noches!

Papá cubre el escaparate. Luego cierra todas las
puertas y el portón de hierro.

Plic plac, plic plac. Papá cuenta el dinero con el ábaco. Muele tinta negra con una piedra negra, y con un pincel chino escribe palabras chinas en columnas, de derecha a izquierda, en el suave papel de su libreta de cuentas. Mamá termina de tejer. Mis hermanos están adentro, preparándose para mañana.

Yo canto y bailo sobre las baldosas del piso. Estoy segura de que papá y mamá me observan de reojo. *Plic plac, plic plac.* Y así se acaba el día.

Conozcamos a la autora e ilustradora

Amelia Lau Carling

Nació en Guatemala y es la hermana menor de seis hijos de inmigrantes chinos. Creció siempre en torno al almacén que tenía su familia en la capital guatemalteca.

Llegó a Estados Unidos en 1966 para estudiar arte. Vive con su marido y sus dos hijas. Ellas le decían que las aventuras que contaba de su niñez eran mágicas, lo cual la inspiró para escribir este cuento.

Coméntalo

Si pudieras visitar el almacén del cuento, ¿qué te gustaría comprar allí? ¿Por qué? Explica.

Comprensión de lectura

1. ¿Cómo pasan el día la autora, sus hermanos y sus hermanas? ¿En qué se diferencia del día de trabajo de sus padres?

2. Un cuento que leíste este año, *El tapiz de la abuela,* tiene lugar también en Guatemala. ¿En qué se diferencia la vida de Esperanza de la de la niña de *Mamá y papá tienen un almacén?* ¿En qué se parece?

3. ¿Qué crees que siente la autora hacia el almacén de sus padres? ¿Cómo lo sabes?

4. La autora nos ayuda a imaginar el **ambiente** del cuento con descripciones de varios sonidos, olores e imágenes. Escribe en una hoja estos tres encabezados: Olores, Sonidos, Escenas. Anota debajo de cada encabezado varios detalles del cuento.

5. ¿Por qué es importante el **ambiente** del cuento? ¿En qué se diferenciaría el cuento si tuviera lugar en tu ciudad o pueblo?

El almacén de la clase

Haz unos carteles y etiquetas con precios para varios objetos del salón de clases. Con tus compañeros y compañeras, representen una escena entre vendedores y compradores.

Causa y efecto

- La **causa** es la razón por la que ocurre algo.

- El **efecto** es lo que ocurre.

- A veces las palabras clave indican causas y efectos.

- Cuando leas, busca palabras clave, como *si, entonces, porque, ya que,* y *así pues,* para entender mejor lo que ocurre y por qué ocurre.

Lee "¡Fuego!", por Caroline Evans.

En tus palabras

1. ¿Qué le ocurre al pino? ¿Por qué?

2. ¿Qué efecto pueden tener los incendios forestales en los campamentos y las excursiones por el bosque?

¡Fuego!

por Caroline Evans

Imagínate un día caluroso de verano en un bosque del oeste de Estados Unidos. De repente, se desata una fuerte tormenta que convierte el cielo azul en negro. ¡Zas! Un rayo estalla en el cielo y cae sobre la copa de un pino muy alto. Una descarga eléctrica sacude al pino de la copa a las raíces. En cuestión de segundos, el pino estalla convirtiéndose en una antorcha gigantesca.

Las ramas envueltas en llamas se quiebran y caen esparciéndose por el suelo del bosque. El fuego se propaga y quema las pequeñas ramas y las agujas secas que cubren el suelo. Las llamas danzan sobre los troncos muertos y se trepan a los árboles cercanos. En poco

tiempo, todo el bosque chisporrotea y cruje envuelto en una luz roja y anaranjada.

¿Es el fin del bosque? En realidad la respuesta es mucho más amplia. Los incendios pueden ser tan sólo una parte del ciclo natural de regeneración continua de los bosques.

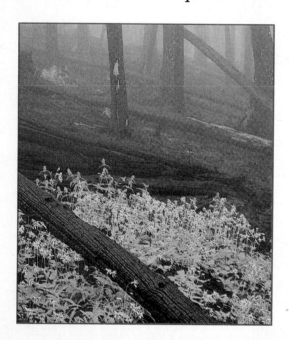

ojo
A LO QUE VIENE

Los pájaros de la cosecha

En el próximo cuento, Juan escucha a los zanates en vez de escuchar a la gente del pueblo. Lee y averigua qué efecto tienen en la cosecha de Juan.

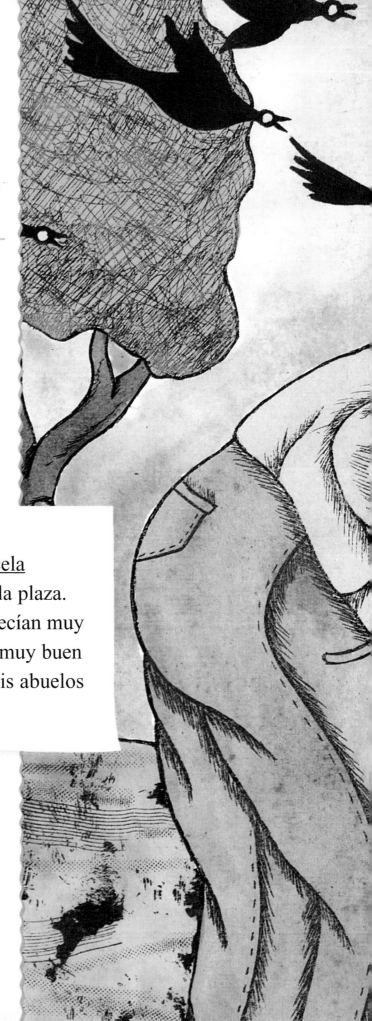

Palabras nuevas

campesino	parcela	frijoles
precio	enseñaron	tierra

Al leer, quizás encuentres palabras que no conoces. Para averiguar su significado, busca pistas cerca de la palabra desconocida.

Mira cómo se usa *parcela* en el siguiente párrafo. Busca una explicación en las demás oraciones. ¿Qué significa *parcela*?

En una finca

Mi abuelo era <u>campesino</u>. En su <u>parcela</u> sembraba maíz y luego lo vendía en la plaza. También sembraba <u>frijoles</u> porque crecían muy bien al lado del maíz y se vendían a muy buen <u>precio</u>. Él respetaba la naturaleza. Mis abuelos me <u>enseñaron</u> a amar la <u>tierra</u>.

En tus palabras

Si tuvieras una parcela como la del abuelo, ¿qué frutas o vegetales cultivarías? ¿Por qué? Díselo a un amigo o amiga. Usa palabras del vocabulario.

Los pájaros de la cosecha

por Blanca López de Mariscal
ilustrado por Enrique Flores

En un pueblecito donde toda la gente se conocía, vivía un joven que todos llamaban Juan Zanate. Lo llamaban así porque siempre estaba acompañado de uno o varios zanates.

A Juan le gustaba sentarse bajo un árbol y ponerse ahí a soñar y planear su vida. Él quería tener su propia tierra, como su padre y su abuelo. Pero cuando murió su padre, la pequeña tierra que se repartió sólo alcanzó para los dos hermanos mayores. Por eso Juan se vio obligado a trabajar haciendo muchos oficios en el pueblo.

"Si tan sólo tuviera mi propia tierra, mi vida sería tan diferente", pensaba Juan. Un día fue a ver a don Tobías, el rico del pueblo, y le pidió que le prestara un pequeño pedazo de tierra.

Don Tobías se echó a reír a carcajadas y su esposa se rió con él: —¿Por qué debiera darte tierra? Tú no sabes ni sembrar el campo.

Juan se retiró triste y molesto a la sombra de su árbol. Era el único lugar en que se encontraba realmente feliz. En las enormes ramas vivía una parvada de zanates que estaban tan acostumbrados a su presencia, que ya lo consideraban un amigo.

Había un zanate en especial que se preocupaba por Juan y quería que éste encontrara su camino en la vida. Estaba siempre muy cerca de Juan, se paraba en su hombro o en el ala de su sombrero. Juan lo llamaba Grajo.

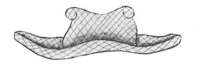

Después de pensar y pensar por mucho tiempo, Juan decidió ir a platicar con el viejo del pueblo. "Los viejos, porque han vivido más, saben mucho", pensó. "Seguramente él me podrá aconsejar, y puede ser que hasta me dé su ayuda".

Juan saludó al viejo, al que todos llamaban Tata Chon, con respeto. "Tata" significa abuelo.

Al darse cuenta Juan del buen humor del abuelo, se atrevió a pedirle un pedazo de tierra:

—Déjeme que le demuestre que yo puedo ser un buen campesino y cultivar la tierra —le imploró Juan.

Tata Chon se puso serio.

—Te voy a ayudar —le dijo el viejo—. Te voy a prestar la tierra pero con una condición: si fracasas, me vas a pagar con trabajo el tiempo que ocupes mi terreno.

Juan corrió de gusto, gritando la noticia. Pero en vez de compartir su alegría, la gente se burló de él.

—¡Mejor ven a arreglar mi taller, porque donde tú siembres ni flores del campo se van a dar! —le gritó el carpintero.

—¡No pierdas el tiempo, Juan, y ven a trabajar en esta rueda! —le dijo el herrero.

—¡Ayúdame con estos sacos de harina, y deja ya de soñar! —le ordenó el panadero.

Juan decidió que lo que pensaran los demás no lo iba a detener. "Llegó el momento de ponerme a trabajar", se dijo. Así empezó a preparar el terreno para cultivarlo. Era muy pequeño y no daba muchas esperanzas de una gran cosecha. Pero Juan siguió trabajando acompañado de sus inseparables amigos, los zanates.

"Mi cabeza es pequeña pero en ella caben muchos sueños", pensó Juan.

Como Juan necesitaba semillas para plantar y no tenía dinero para comprarlas, fue a ver al tendero y le pidió algunas semillas fiadas.

—Juan, barre los granos de maíz, los frijoles y las semillas de calabaza que han caído al suelo y dáselas a mis puercos. Y si te sirven algunas de estas semillas, te las puedes llevar.

Juan estaba feliz pues ya tenía semillas para plantar. No corrió a los zanates como lo hace la mayoría de los campesinos. En vez de eso, decidió apartar algunas de las semillas que sobraron para que los zanates tuvieran qué comer y no se robaran las que estaba plantando en los surcos. Después de todo, los zanates eran sus amigos y sus acompañantes, y Juan se preocupaba mucho por ellos. Grajo, que estaba siempre junto a Juan, le daba consejos con su áspera voz.

Pasaron los días y los zanates guiaban la labor de Juan. Cuando comenzaron a salir las pequeñas plantas y con ellas los brotes de hierbas silvestres, los zanates le dijeron a Juan que no las arrancara ni las tirara a la basura como lo hacían los otros campesinos.

—Siémbralas en los bordes del terreno —le dijeron los zanates.

Cuando los otros campesinos supieron lo que Juan hacía, se burlaron de él: —¡Qué locura, dejar crecer hierba silvestre en la parcela!

Cuando se llegó el tiempo de la cosecha,
todos esperaban burlarse de Juan una vez más.
Todos estaban seguros de que iba a fracasar.
Pero cuando Juan llegó al pueblo todos quedaron
maravillados. En su cargamento Juan traía una
magnífica cosecha: enormes mazorcas, calabazas
de colores brillantes y apetitosos frijoles.

—¿Cómo lo lograste? —todos querían saber.
Juan sonrió y respondió—: Con la ayuda de mis
amigos los zanates, los pájaros de la cosecha;
observando, observando he sabido escuchar la
voz de la naturaleza.

—¡Trabaja conmigo, Juan! —decían todos
a voces—. ¡Enséñanos tus secretos!

—No —contestó el viejo—, Juan ya no
trabajará para nadie, porque le voy a regalar
el terreno que cosechó.

Después de vender toda la cosecha a muy buen precio, Juan y Tata Chon caminaron hacia la parcela que ahora era de Juan. El abuelo le preguntó a Juan su secreto.

—Los zanates me enseñaron que todas las plantas son como hermanos y hermanas —replicó Juan—. Si uno las aparta, se ponen tristes y no crecen fuertes y sanas. Pero si uno las respeta y las deja juntas, crecen muy felices y contentas.

Conozcamos a la autora

Blanca López de Mariscal

Blanca López de Mariscal vive en México. Allí es profesora de literatura mexicana. Le gusta mucho escribir cuentos sobre sus antepasados mexicanos. Usando sus estudios en educación, literatura y arte, se dedica a compartir los cuentos de la cultura mexicana con los niños de Estados Unidos. Piensa que todos los niños del mundo pueden aprender algo de la cultura mexicana. *Los pájaros de la cosecha* es su primer libro para niños.

Conozcamos al ilustrador

Enrique Flores

Enrique Flores es un artista nicaragüense. Le gusta usar las tradiciones de los indígenas centroamericanos en sus pinturas e ilustraciones. Vive con su familia en un pueblo muy hermoso llamado Suisun. Allí construyó un estudio donde hace sus pinturas. Lo construyó en la cima de una colina y lo pintó de color lila. Desde su ventana puede ver los zanates volando por los campos y haciendo nidos en los árboles.

Coméntalo

¿Qué te gusta hacer cuando quieres estar a solas o tener tranquilidad?

Comprensión de lectura

1. ¿Qué es lo que quiere lograr Juan? ¿Por qué le resulta tan difícil lograrlo? ¿Por qué crees que Juan lo logra finalmente?

2. Nombra algunos de los trabajos que Juan no aceptó. ¿Por qué crees que no los aceptó?

3. ¿Cómo es Juan? ¿Y Tata Chon? Explica dando ejemplos del texto.

4. Una **causa** es la razón por la que ocurre algo. Un **efecto** es lo que ocurre. ¿Qué es lo que hace que los vecinos del pueblo cambien de actitud hacia Juan?

5. ¿Qué **efecto** tiene en la vida de Juan la amistad con los zanates?

Haz un móvil

Escoge a tres personajes del cuento y haz un móvil. Escribe por qué elegiste a esos personajes. Muestra tu móvil al resto de la clase y explica por qué escogiste esos tres personajes.

Comparación y contraste

- **Comparar** es decir en qué se parecen o en qué se diferencian las cosas.

- **Contrastar** es decir en qué se diferencian.

- Las palabras clave, como *pero* y *sin embargo,* indican a veces una comparación o un contraste.

Lee "Miedo a la oscuridad", por Ann Grifalconi.

Escribe

Escribe *día* en la parte superior izquierda de una hoja de papel y *noche* en la parte superior derecha. Anota en cada columna las palabras o frases que comparen cómo se comporta Isa por el día y por la noche. Compara tus notas con las de tu clase.

Miedo a la oscuridad

por Ann Grifalconi

Había una vez una muchacha muy lista y muy linda que se llamaba Isa. Isa tenía tanto miedo a la oscuridad, que no escuchaba lo que su madre y su abuelo le decían, y al caer la noche nunca salía de casa. Se sentaba en un rincón con la cabeza entre las rodillas, y los ojos se le agrandaban y ennegrecían de tanto miedo.

Y así se quedaba hasta que se dormía. No quería que le ofrecieran comida, ni que la consolaran. Entonces, su madre la tomaba en sus brazos con cuidado y la acostaba en la cama. Esperaba encontrar algún día

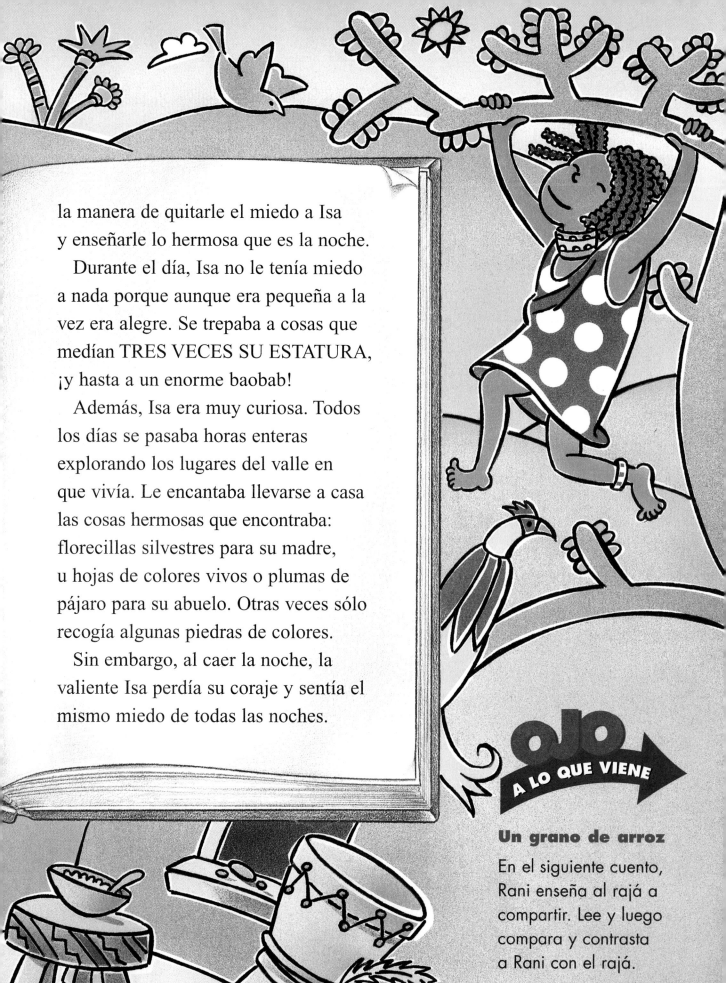

la manera de quitarle el miedo a Isa
y enseñarle lo hermosa que es la noche.

Durante el día, Isa no le tenía miedo
a nada porque aunque era pequeña a la
vez era alegre. Se trepaba a cosas que
medían TRES VECES SU ESTATURA,
¡y hasta a un enorme baobab!

Además, Isa era muy curiosa. Todos
los días se pasaba horas enteras
explorando los lugares del valle en
que vivía. Le encantaba llevarse a casa
las cosas hermosas que encontraba:
florecillas silvestres para su madre,
u hojas de colores vivos o plumas de
pájaro para su abuelo. Otras veces sólo
recogía algunas piedras de colores.

Sin embargo, al caer la noche, la
valiente Isa perdía su coraje y sentía el
mismo miedo de todas las noches.

ojo
A LO QUE VIENE

Un grano de arroz

En el siguiente cuento,
Rani enseña al rajá a
compartir. Lee y luego
compara y contrasta
a Rani con el rajá.

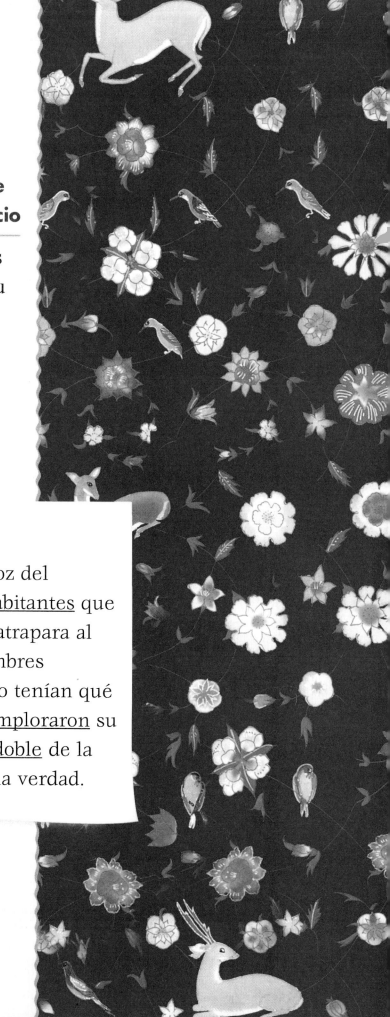

Palabras nuevas

habitantes	imploraron	doble
ladrona	recompensa	palacio

Al leer, quizás encuentres palabras que no conozcas. Para averiguar su significado, busca pistas cerca de la palabra desconocida.

Mira cómo se usa *ladrona* en el siguiente párrafo. Busca una explicación en las demás oraciones. ¿Qué significa *ladrona?*

El rajá sabio

Alguien robó un canasto de arroz del palacio real. El rajá dijo a los habitantes que daría una recompensa a quien atrapara al ladrón o a la ladrona. Unos hombres confesaron, pues sus familias no tenían qué comer. Devolvieron el arroz e imploraron su perdón. El sabio rajá les dio el doble de la recompensa ofrecida por decir la verdad.

Escribe

Imagina que tú eres el ladrón o la ladrona. Escribe una nota de agradecimiento al rajá.

Un grano de arroz

POR Demi

CUENTO FOLKLÓRICO MATEMÁTICO

Hace muchos años
vivía en la India un
rajá que se creía sabio
y justo, tal y como
debe ser un rajá.

Los habitantes de su
provincia cultivaban
arroz. El rajá decretó
que todos debían
darle la mayor parte
del arroz.

—Yo almacenaré el
arroz en un sitio seguro
—prometió el rajá
a la gente—, para que
en época de hambre,
todos tengan arroz
que comer y nadie
pase hambre.

Cada año, los recaudadores de arroz del rajá acumulaban casi todo el arroz de los habitantes y lo llevaban a los almacenes del palacio.

Durante muchos años hubo buenas cosechas de arroz. Los habitantes le daban casi toda su cosecha de arroz al rajá y los almacenes estaban siempre llenos. Pero a los habitantes apenas les quedaba el arroz suficiente para sobrevivir.

Hubo un año en que la cosecha de arroz se perdió, y los habitantes pasaron mucha hambre. No tenían arroz ni para el rajá ni para ellos.

Los ministros del rajá le imploraron: —Su Alteza, permítanos abrir los almacenes del palacio y darle el arroz a la gente, como usted prometió.

—¡No! —gritó el rajá—. ¿Cómo sé yo cuánto tiempo va a durar esta época de hambre? Voy a guardar el arroz para mí. Aunque hice la promesa, un rajá nunca debe pasar hambre.

El tiempo transcurría y el pueblo pasaba cada vez más hambre. Pero el rajá no repartía el arroz.

Un día el rajá ordenó un banquete para él y su corte, pues creía que un rajá debía hacerlo de vez en cuando, aun en época de hambre.

Un sirviente llevó un elefante con dos canastos llenos de arroz desde uno de los almacenes hasta el palacio.

Una muchacha de la aldea llamada Rani vio que de uno de los canastos caía un hilo de arroz. Sin pensarlo, Rani saltó y caminó junto al elefante, recogiendo en la falda el arroz que caía. Era lista y empezó a hacer un plan.

En el palacio un guardia gritó: —¡Alto, ladrona! ¿Adónde vas con ese arroz?

—No soy ninguna ladrona —respondió Rani—. Este arroz se cayó de uno de los canastos y ahora quisiera devolvérselo al rajá.

Cuando el rajá se enteró de lo que Rani había hecho, pidió a sus ministros que la llevaran ante él.

—Deseo recompensarte por devolverme lo que es mío —le dijo el rajá a Rani—. Pídeme cualquier cosa y te la daré.

—Su Alteza —dijo Rani— no merezco recompensa alguna. Pero si así lo desea, puede darme un grano de arroz.

—¿Sólo un grano de arroz? —exclamó el rajá—. Sin duda me permitirás recompensarte más generosamente, según es el deber de un rajá.

—Está bien —dijo Rani—. Si así lo desea Su Alteza, puede recompensarme de la siguiente manera: hoy me dará un solo grano de arroz. Luego, diariamente y por treinta días, me dará el doble de lo que me dio el día anterior. Así que mañana me dará dos granos de arroz, el día siguiente cuatro granos de arroz, y así durante treinta días.

—Aún parece ser una recompensa modesta —dijo el rajá—. Pero así se hará.

Y a Rani se le dio un solo grano de arroz.

Al día siguiente, se le dieron a Rani dos granos de arroz.

Y al siguiente, se le dieron cuatro granos de arroz.

Al noveno día, a Rani se le dieron doscientos cincuenta y seis granos de arroz. En total había recibido quinientos once granos, apenas un puñado de arroz.

"Esta muchacha es honrada, pero no muy lista", pensó el rajá. "Hubiera ganado más quedándose con el arroz que recogió en la falda".

Al duodécimo día, Rani recibió dos mil cuarenta y ocho granos de arroz, casi cuatro puñados. Al decimotercer día, recibió cuatro mil noventa y seis granos de arroz, cantidad suficiente para llenar un tazón.

Al decimosexto día, a Rani se le dio un saco con treinta y dos mil setecientos sesenta y ocho granos de arroz. En total, tenía arroz suficiente para llenar dos sacos.

"Este método de duplicar produce más arroz del que yo esperaba", pensó el rajá. "Pero lo más seguro es que su recompensa no llegue a ser mucho más de lo que ya es".

Al vigésimo día,
a Rani se le dieron
dieciséis sacos más
de arroz.

Al vigésimo primer
día, recibió un millón
cuarenta y ocho mil
quinientos setenta y
seis granos de arroz,
cantidad suficiente
para llenar un canasto.

Al vigésimo cuarto día,
a Rani se le dieron ocho
millones trescientos
ochenta y ocho mil
seiscientos ocho granos
de arroz, cantidad
suficiente para llenar
ocho canastos, los cuales
fueron transportados por
ocho venados reales.

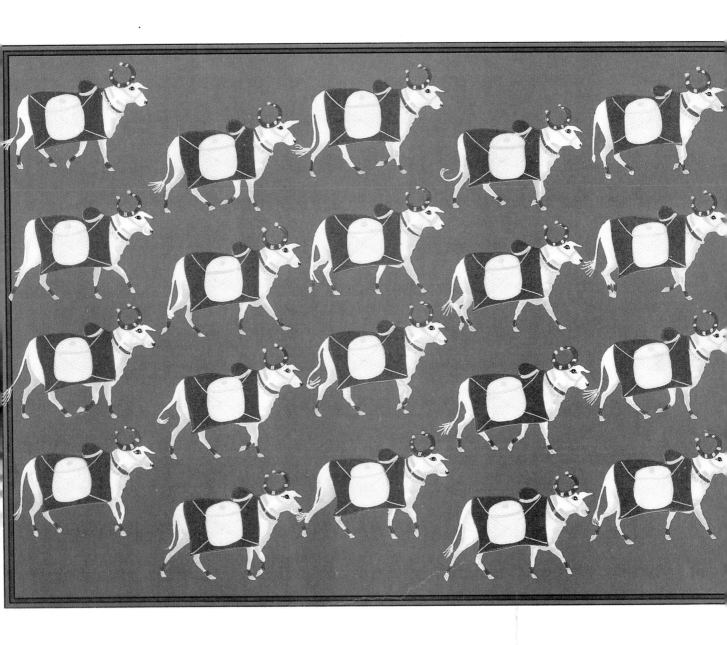

Al vigésimo séptimo
día, treinta y dos toros
Brahma tuvieron que
transportar sesenta
y cuatro canastos
de arroz.

El rajá estaba muy
preocupado. "¡Cuánto
arroz ha producido
un solo grano!", pensó.
"Pero, como buen rajá,
cumpliré la recompensa
prometida".

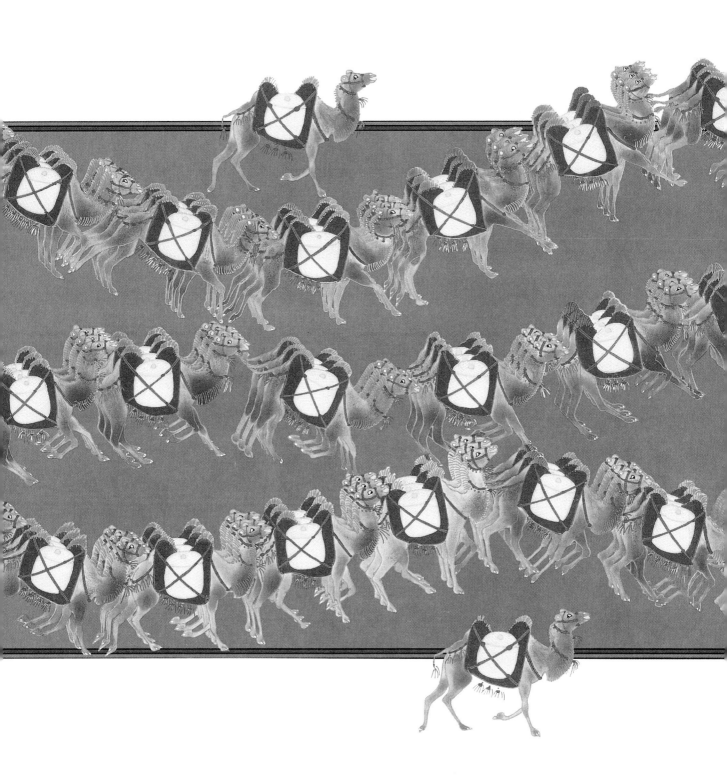

Al vigésimo noveno día, a Rani se le dio la cantidad que llenaba dos almacenes del palacio.

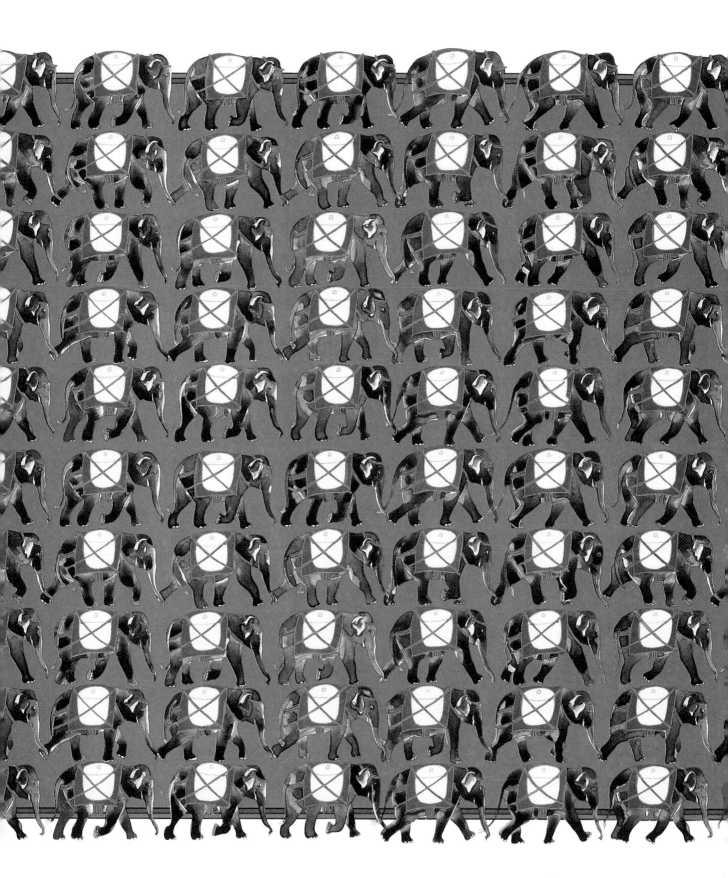

Al trigésimo y último día, doscientos cincuenta y seis elefantes cruzaron la provincia con lo que quedaba en los últimos cuatro almacenes del palacio: quinientos treinta y seis millones, ochocientos setenta mil, novecientos doce granos de arroz.

Rani recibió en total más de mil millones de granos de arroz. Al rajá ya no le quedaba más arroz.

—Y ahora que no me queda más, ¿qué harás con todo ese arroz? —dijo el rajá suspirando.

—Se lo daré a todos
los que tienen hambre
—dijo Rani—. Y dejaré
también un canasto de
arroz para usted, si
promete que de ahora
en adelante sólo va
a pedir el arroz que
necesite.

—Lo prometo —dijo
el rajá.

Y durante el resto de
sus días, el rajá fue
sabio y justo de verdad,
tal y como debe ser
un rajá.

Conozcamos a la autora e ilustradora

Demi

Demi Hitz prefiere usar simplemente su nombre de pila. Demi ha vivido siempre rodeada de artistas. Su madre se dedicó a las artes y su padre era arquitecto y actor. Cuando era más joven, Demi vivió en la India por dos años. Su amor por el arte indio se refleja en el libro *Un grano de arroz.*

A Demi le encanta viajar. Sus viajes la han inspirado a escribir libros sobre gentes y lugares de todo el mundo. Ha escrito sobre el explorador Marco Polo y sobre sus viajes por Asia. También ha escrito libros sobre la China: *Dragon Kites and Dragonflies* ("Cometas de dragones y libélulas"), *A Chinese Zoo* ("Un zoológico chino"), *Chen Ping and His Magic Axe* ("Chen Ping y su hacha mágica").

Varios de sus libros han sido premiados. Entre ellos se incluyen *The Empty Pot* ("La olla vacía") y *The Nightingale* ("El ruiseñor").

Además de escribir e ilustrar libros, Demi da charlas sobre su obra literaria en universidades y bibliotecas.

Coméntalo

¿Cuándo sería bueno tener a una persona como Rani al lado?

Comprensión de lectura

1. En ambos cuentos, *El banquete de Anansi* y *Un grano de arroz*, algunos personajes celebran banquetes, mientras que otros pasan hambre. Haz una lista para cada uno de los cuentos que muestre qué personajes celebran banquetes y qué personajes pasan hambre.

2. ¿Crees que el rajá le hubiera dado tanto arroz a Rani si ella se lo hubiera pedido todo de una sola vez? ¿Qué parte del cuento sirve de apoyo a tu respuesta?

3. ¿Qué tipo de persona es Rani? Usa ejemplos del cuento que sirvan de apoyo a tus ideas.

4. **Compara y contrasta** la vida del rajá y de los habitantes que cultivan el arroz. ¿Dónde viven? ¿Quién es el que manda?

5. **Contrasta** el plan que tenía el rajá para el arroz al principio del cuento con lo que el rajá hizo realmente con el arroz.

Un zoológico indio

Dibuja uno de los animales del cuento en una tarjeta grande y recórtalo. Escribe un dato de ese animal en la figura que recortaste. Con tu clase, recolecta los animales y sus datos para hacer un zoológico indio. Comenta qué animales de la India no se encuentran donde tú vives.

¿De dónde proviene el arroz?

por Lynne Merrison

El arroz proviene de plantas que crecen en terrenos muy húmedos llamados **arrozales.** En los arrozales, las raíces de las plantas se encuentran bajo agua. La parte superior de la planta de arroz se llama **panícula** y crece sobre un pecíolo situado sobre las hojas planas y alargadas de la planta. La panícula tiene pequeñas flores llamadas **espigas** que producen los granos de arroz.

Relacionar lecturas

Leer un artículo informativo

✓ **Lee el título.** Por lo general dice de lo que trata el texto.

✓ **Busca ilustraciones.** Las ilustraciones y las gráficas explican partes del artículo o amplían la información.

✓ **Busca la idea principal.** Probablemente habrá una idea principal y detalles en cada párrafo del texto. Cada idea principal estará relacionada con el tema del texto.

Enfoca tu lectura

Este artículo informativo habla del arroz. Al leer, imagina cómo Rani o el rajá podrían haber utilizado esta información.

Plantaciones de arroz, o arrozales, hechas en terrazas en las Filipinas

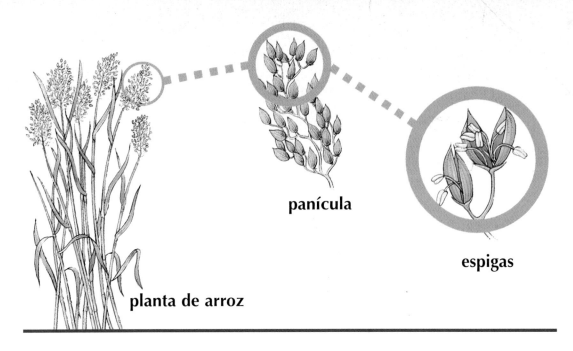

panícula

espigas

planta de arroz

El arroz se cultiva en unos cien países. Necesita mucha agua y mucho sol para crecer, por eso en los climas tropicales y subtropicales el arroz crece perfectamente. Las regiones monzónicas del sudeste de Asia son muy apropiadas para su cultivo. China, la India y otros países asiáticos producen el 90 por ciento del arroz mundial. También se cultiva en zonas de Estados Unidos, América del Sur, Europa y África.

PRINCIPALES ESTADOS PRODUCTORES DE ARROZ

Toneladas anuales de arroz

Arkansas																		
California										
Louisiana								
Texas					
Mississippi				

| = aproximadamente 250,000 toneladas de arroz

Las cifras proporcionadas por el Departamento de Agricultura de Estados Unidos indican el promedio de tres años (1994–1996).

Predecir

- **Predecir** es tratar de adivinar los sucesos que pasarán en un cuento, en base a lo que ya ha ocurrido.

- Una **predicción** es lo que tú dices que va a pasar.

- Al leer, usa lo que ya conoces de tu propia vida y lo que has aprendido. Busca claves en el cuento para decidir qué podría pasar después.

Lee "Qué hacer con un sombrero viejo", de *El sombrero de tío Nacho*, por Harriet Rohmer.

En tus palabras

1. ¿Qué claves del cuento y de tu propia vida te sirvieron para hacer la predicción?

2. ¿Fue acertada tu predicción? ¿Se acerca a lo que pasó?

Qué hacer con un sombrero viejo

por Harriet Rohmer

El tío Nacho se puso el sombrero nuevo y se miró en el espejo.

—Mira qué guapo te ves ahora, tío Nacho —dijo Ambrosia.

—Es verdad. Todas las muchachas se van a enamorar de mí.

—Pues claro, tío Nacho. Bueno, tengo que irme a la escuela. Pasaré de vuelta más tarde.

—Cuídate, Ambrosia. Y muchas gracias por el sombrero.

Así que ahora tengo un sombrero nuevo —se dijo el tío Nacho a sí mismo—. Pero ¿qué voy a hacer con este sombrero viejo que ya no sirve para nada?

—Oye sombrero —le dijo a su sombrero viejo—. ¿Qué voy a hacer contigo?

—Ya sé. Te meteré dentro de mi baúl.

—Espérate un ratito. ¿Qué si entran los ratones y te empiezan a comer? No, no, no. Mejor no te meto dentro del baúl.

> **Predice lo que el tío Nacho hará con su sombrero viejo.**

—Pero, sombrero, la verdad es que ya no me sirves para nada —dijo el tío Nacho—. No me proteges de la lluvia. Te debería tirar. Saldré afuera en este momento y te tiraré a la calle.

—Espérate un ratito. Creo que veo venir un carro. Te puede atropellar. No, no, no. Mejor no te tiro a la calle. Pero sombrero, la verdad es que ya no me sirves para nada —dijo el tío Nacho— No me proteges del sol. Te debería botar. Saldré afuera en este momento y te botaré a la basura.

—¡Ya está! Espero que algún buen hombre te encuentre. Alguien que te aprecie. Una persona decente.

¡Que Dios los bendiga a los dos!

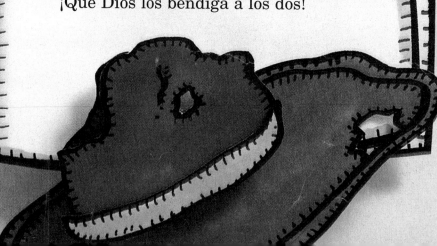

La mujer que brillaba aún más que el sol

En el próximo cuento, Lucía, una desconocida, llega al pueblo y se lleva el río. Lee y trata de predecir lo que hará la gente del pueblo.

Palabras nuevas

algarabía	brillara	llegó
asombrado	espiaban	sed
respeto		

Las palabras con significados contrarios, como *frío* y *caliente*, se llaman **antónimos.** Para averiguar el significado de una palabra, busca pistas en oraciones cercanas. La pista podría ser un antónimo.

Mira cómo *se fue* te ayuda a averiguar el significado de *llegó*.

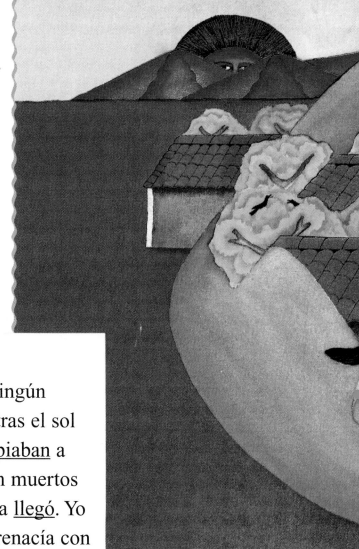

La sequía

El sol calentaba continuamente, sin ningún <u>respeto</u> por plantas y animales. Mientras el sol <u>brillara</u> continuamente, los buitres <u>espiaban</u> a los animales, esperando a que cayeran muertos de <u>sed</u>. Un día, el sol se fue y la lluvia <u>llegó</u>. Yo miraba <u>asombrado</u> que nuestro valle renacía con gran <u>algarabía</u>.

Escribe

Escribe un titular de periódico sobre un héroe que conozcas. Usa palabras del vocabulario.

LA MUJER QUE BRILLABA AÚN MÁS QUE EL SOL

LA LEYENDA DE LUCÍA ZENTENO

basado en un poema de Alejandro Cruz Martínez • ilustrado por Fernando Olivera

narrado por Harriet Rohmer y David Schecter

El día que llegó Lucía Zenteno al pueblo, todo el mundo se quedó asombrado. Nadie sabía de dónde venía esa mujer tan hermosa, que traía miles de mariposas y una infinidad de flores en su enagua, que caminaba suavemente y a la vez erguida, con su magnífica cabellera destrenzada ondeando libremente en el aire. A su lado la acompañaba una fiel iguana.

Nadie sabía quién era, pero sí sabían que no había nada que brillara tanto como Lucía Zenteno. Alguna gente decía que Lucía Zenteno brillaba aún más que el sol. Otros decían que su espléndida cabellera parecía atajar la luz.

Todos comenzaron a sentir algo de miedo de ese ser tan maravilloso y tan desconocido.

Cerca del pueblo había un río, casi el mismo que corre allí ahora. La gente decía que cuando Lucía Zenteno se fue a bañar al río, el río se enamoró de ella. El agua se salió de su cauce y comenzó a fluir suavemente por los negros cabellos de Lucía.

uando Lucía terminaba de bañarse, se sentaba al lado del río y se peinaba los cabellos con un peine de madera de mesquite. Y entonces las aguas, los peces y las nutrias se escurrían de la cabellera de Lucía Zenteno, y retornaban otra vez a formar parte del río.

Los ancianos del pueblo decían que, aunque Lucía era distinta, había que honrarla y guardarle respeto. Decían que ella tenía mucha afinidad con la naturaleza.

Pero parte de la gente no siguió el consejo de los ancianos. Les tenían miedo a los poderes de Lucía, porque no los comprendían. Así que no le devolvían el saludo, ni le ofrecían su amistad. En cambio, hablaban mal de ella y la espiaban día y noche.

Pero Lucía no los trataba de la misma manera. En cambio, se apartaba de ellos y seguía caminando con dignidad.

Mucha de la gente se enojó a causa de esto. Comenzaron a murmurar que Lucía les iba a hacer daño a todos. La gente comenzó a cogerle más temor, y al fin la obligaron a irse del pueblo.

Lucía bajó al río una última vez para despedirse. Como siempre, las aguas salieron a saludarla y empezaron a fluir entre sus largos cabellos. Pero esta vez, cuando Lucía trató de peinarse, el río no quiso separarse de ella.

Y por eso fue que cuando Lucía Zenteno se marchó del pueblo, el río, los peces y las nutrias se fueron con ella, dejando sólo una culebrita de arena por donde antes había corrido el río.

Todos vieron que Lucía se iba y que el río, los peces y las nutrias se iban con ella. La gente quedó desesperada. Nunca habían pensado que, hicieran lo que hicieran, su bello río los fuera a abandonar.

Donde antes había verdor y frescura, ahora ya no caía más la lluvia, ni cantaban los pájaros, ni jugaban las nutrias. Los árboles perdieron sus hojas y las plantas se secaron. La gente y los animales padecían de sed. Más que nunca, todos comenzaron a darse cuenta de la importancia del río, de los peces, las nutrias y aun de los árboles y de los pájaros para el pueblo. También comenzaron a darse cuenta de lo mucho que el río había querido a Lucía Zenteno.

Los ancianos dijeron que todos debían ir en busca de Lucía a pedirle perdón. Pero algunos no querían. Todavía temían a Lucía. Mas como el pueblo seguía sufriendo, al fin todos se pusieron de acuerdo. Siguiendo el consejo de los ancianos, fueron en busca de Lucía.

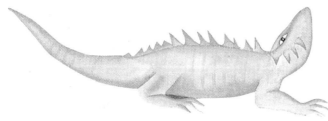

Tras mucha marcha, la gente encontró la cueva de iguana donde Lucía se había refugiado. Lucía los estaba esperando, pero no le podían ver la cara. Le había dado la espalda a la gente.

Al principio, nadie se atrevió a decir ni una palabra. Luego, dos de los niños le suplicaron: —Lucía, hemos venido a pedirte perdón. Ten piedad de nosotros y devuélvenos el río.

Lucía Zenteno se volvió a mirarlos. Vio sus caras llenas de miedo y de cansancio, y se compadeció de ellos. Al fin habló: —Le pediré al río que regrese con ustedes —les dijo—. Pero así como el río le da agua a todo el que está sediento, sin importarle quién sea, ustedes necesitan aprender a tratar a todos con bondad, aun a los que parecen ser distintos.

La gente recordó cómo había tratado a Lucía y, avergonzada, bajó la cabeza.

Al ver que la gente estaba verdaderamente arrepentida, Lucía regresó con ellos al pueblo y comenzó a peinarse los cabellos. Se peinó y se peinó, hasta que salieron las aguas, los peces y las nutrias, y siguió peinándose hasta que todo el río volvió otra vez a su lugar.

La gente estaba feliz de tener al río de vuelta. Se echaban agua a sí mismos y a sus animales, se tiraban al río, y lloraban y reían de alegría.

Hubo tanta algarabía que nadie se dio cuenta de que Lucía había desaparecido de nuevo. Cuando los niños y las niñas le preguntaron a los ancianos a dónde se había ido, los ancianos dijeron que no los había abandonado. Aunque no la pudieran ver más, siempre estaría con ellos, cuidándolos y protegiéndolos. Siempre estaría ayudándolos a vivir de corazón, con amor y comprensión para todos.

Conozcamos a los autores

ALEJANDRO CRUZ MARTÍNEZ, HARRIET ROHMER, DAVID SCHECTER

Alejandro Cruz Martínez era un poeta indígena zapoteca que vivió en Oaxaca, México. Como quería que la historia de su pueblo sobreviviera, el Sr. Cruz Martínez recopiló cuentos y los escribió en forma de poemas. Uno de estos poemas es sobre el legendario personaje de Lucía Zenteno. Después de la muerte del Sr. Cruz Martínez, su viuda envió el poema a una editorial de libros infantiles. La editorial mostró el poema a Harriet Rohmer y a David Schecter, quienes lo convirtieron en un cuento.

Conozcamos al ilustrador

FERNANDO OLIVERA

El artista Fernando Olivera fue un buen amigo de Alejandro Cruz Martínez. Cuando el Sr. Cruz Martínez le contó el cuento, el Sr. Olivera quedó tan interesado que pintó ilustraciones de cómo él se imaginaba a Lucía Zenteno. Después de la muerte del Sr. Cruz Martínez, y una vez que se escribió el libro sobre Lucía, el Sr. Olivera hizo las ilustraciones. El Sr. Olivera vive en el estado de Oaxaca, en México.

Reacción del lector

Coméntalo

¿Te hubiera gustado vivir en el pueblo después de que Lucía Zenteno se llevó el río? ¿Por qué?

Comprensión de lectura

1. En otros cuentos folklóricos o fábulas que has leído, ¿cómo enseñan o aprenden una lección los personajes? Según tu respuesta, ¿por qué crees que Lucía llegó al pueblo?

2. ¿Por qué era importante el río para la gente del pueblo?

3. ¿Cómo tratará la gente del pueblo al próximo desconocido que llegue al pueblo?

4. ¿Cuál fue tu **predicción** la primera vez que Lucía se fue del pueblo? ¿Acertaste?

5. ¿Pudiste **predecir** lo que haría Lucía cuando la gente del pueblo fuera a verla a la cueva de iguana? ¿En qué basaste tu predicción?

Comité de bienvenida

Quieres darle la bienvenida a unos recién llegados a tu clase. ¿Qué les dirías? ¿Qué harías? En un grupo pequeño, actúen por turnos el papel de un recién llegado a la clase y el papel de miembros del comité de bienvenida.

Oscuridad
por Humberto Ak'abal

Los murciélagos
esconden la oscuridad
debajo de sus alas;

los tecolotes
detrás de sus ojos.

Arañas
por Humberto Ak'abal

Las arañas
en las casas viejas
tejen neblinas.

Vuelo
por Humberto Ak'abal

Soy pájaro:
mis vuelos son
dentro de mí.

Piedras
por Humberto Ak'abal

No es que las piedras sean
mudas:
sólo guardan silencio.

Las estrellas
por Nelly Palacio Jaramillo

Siempre quietas,
siempre inquietas,
durmiendo de día,
de noche despiertas.

La Osa de los Cielos
poema mohawk

Hace mucho tiempo
tres cazadores y su pequeño perro
encontraron las huellas de una osa gigantesca
y las siguieron durante todo el día.
Aunque cayó la noche
no se detuvieron,
continuaron el rastreo.
Por la ladera de la montaña
vieron subir a la osa
entre el relucir de la nevada.
Corrieron para atraparla
pero la osa avanzaba veloz.
Corrían y corrían
subiendo cada vez más alto,
hasta que uno de ellos exclamó:
—Hermanos, miren hacia abajo.
Los demás obedecieron,
se dieron cuenta que estaban
en las alturas de la Tierra.
Porque la osa que vieron era
La Osa de los Cielos,
veloz en el firmamento.
Levanta la mirada, ahora,
y la verás dando vueltas por el cielo.

Hacemos camino
al andar.

¿Ya llegamos?

¿Cómo es que las visitas a otros tiempos y lugares le dan más sabor a la vida?

Expresar opiniones

- Una **opinión** es un juicio personal sobre un personaje, una situación, una acción o una idea sobre lo que hayas leído.

- Cuando **expresas opiniones** usas lo que sabes y lo que has leído.

- Busca en el cuento o artículo oraciones que apoyen tu opinión.

Lee "Los recuerdos del abuelo", por Sanna Anderson Baker.

En tus palabras

1. En tu opinión, ¿está siendo justo el niño cuando dice que desyerbará el jardín si su padre lo lleva a ver el avión? ¿Por qué?

2. ¿Crees que el papá hace lo correcto al llevar al niño a ver el avión? ¿Por qué?

Los recuerdos del abuelo

por Sanna Anderson Baker

Desde que vi el primer avión en el cielo ya no pude pensar en otra cosa. Cada día, mi hermano Erik y yo nos apresurábamos a terminar nuestros quehaceres. Teníamos que ordeñar la vaca, recoger los huevos, traer agua y buscar leña para poder así entrar a escuchar "Las aventuras aéreas de Jimmy Allen".

Un día, el ruido de un avión casi se llevó el tejado de nuestra casa. Corrí hacia la puerta de tela metálica y lo busqué con la mirada. Volaba tan bajo y hacía tanto ruido que supuse que el avión iba a aterrizar.

Finalmente, cuando le prometí a papá que desyerbaría el jardín, me dijo:

—Súbete al carro.

En el Modelo A, subimos y bajamos por carreteras polvorientas y serpentinas hasta que vimos el avión posado en el terreno de Conrad Johnson.

El piloto vestía como Lindbergh: traje de aviador y botas, pero como se había quitado los anteojos de aviador, pude ver que no era él. Era un piloto ambulante, de los que aterrizan en granjas y venden paseos.

—¿Listo para un paseo, jovencito? —me preguntó. Sólo asentí con la cabeza. Yo no tenía dinero y sabía que papá tampoco. Pero como mirar no costaba nada, examiné cada pulgada de aquella máquina.

Al poco rato, nuestro vecino R.V. Carlson entregó su dinero y se subió a la cabina. Ver el despegue de aquel avión fue como presenciar un milagro.

Aquella noche le dije a Erik:
—El próximo verano voy a volar.

El canto de las palomas

En el siguiente cuento un niño viaja por California con sus padres. Lee y expresa tu opinión sobre cómo influye en él la experiencia.

Vocabulario

Palabras nuevas

anuncios   cobijas   carpa

montañas   paisajes   vides

salpicaba

Las palabras que se escriben y pronuncian igual, pero que tienen diferente significado, se llaman **homónimos**. Para saber qué significado se le está dando a una palabra, busca pistas en la oración.

Lee el siguiente párrafo. Decide si *carpa* se refiere a "un pez de agua dulce" o "una tienda de campaña".

Un viaje con mi papá

Arropado con mis <u>cobijas</u>, miraba los <u>paisajes</u>. En el campo no se veía más que <u>montañas</u> y <u>anuncios</u> de restaurantes y hoteles. Poco a poco los paisajes fueron cambiando, y ahora se veían muchas <u>vides</u> por el camino. Paramos a descansar y armamos una <u>carpa</u> a la orilla de un lago. Luego nadamos un rato. Mi papá hacía bromas y me <u>salpicaba</u> con el agua.

En tus palabras

Describe a un amigo o amiga un viaje que te gustaría hacer. Usa palabras del vocabulario.

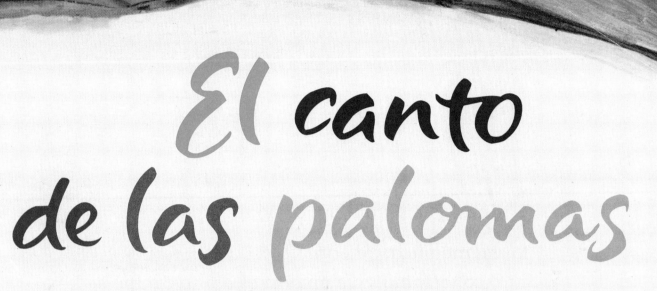

El canto de las palomas

por Juan Felipe Herrera
ilustrado por Elly Simmons

"Naciste en el camino, como tu papá".

Mi mamá me decía esto
cuando teníamos que mudarnos a otro campo de labor.

Mi mamá Lucha, mi papá Felipe y yo.

Divisaba a los campesinos trabajando en los files
mientras mi papá manejaba nuestra vieja troca del Army
por los caminos olvidados de California.

Con su ropa brillante, los campesinos le daban color
al campo como si fueran aves tropicales.

Cuando parábamos, hacíamos una carpa.
Mi papá sacaba una lona gruesa y verde
como una tortilla gigante remojada en salsa
de tomatillo. Mamá la extendía
mientras buscábamos varitas
para clavar sus cuatro puntas en el suelo.

Dormíamos arrecholados, juntos bajo
cobijas y sarapes. Bocarriba yo contemplaba
las estrellas que centelleaban
más allá de los agujeritos de la carpa.

Mi mamá cocinaba el desayuno al aire libre.
Huevos con papas o huevos revueltos.

Una sartén, un comal para las tortillas
y un frasco con tenedores y cuchillos—
éstas eran las cosas necesarias.
Y, claro, leña para el fuego.

El cielo era mi cuchara azul
y el barro tierno de la tierra era mi plato.

Un día mi papá decidió hacer
una casita de cuatro paredes
montada sobre un carro abandonado.
Martilló palos largos y madera laminada
sobre el chasis de un Ford antiguo y remojó
su brocha en baldes de pintura blanca.

Desde lejos, mi casa parecía
una barra de pan con ruedas.
Por dentro era una cuevita cariñosa
que se calentaba con pláticas.
Del radio en la pared salían
anuncios ruidosos y corridos mexicanos.

Una vez visitamos a unos amigos en Fowler
por un par de meses. Tomé mis baños
en una tina de hojalata
en medio de la yarda
rodeada por cuatro familias en sus trailas.

Mientras me tallaba los brazos,
mi mamá cantaba de los mexicanos que
cruzaban la frontera de Texas.
Yo seguía la canción y salpicaba el agua.
Una iglesia protestante hecha de madera frágil
se ladeaba detrás de las trailas.

Nuestro patio de barro
era un teatro vestido de arena
donde aprendí a cantar.

Al mediodía, en su descanso,
cuando dejaba de manejar el tractor,
mi papá llamaba a los pájaros.

Poniéndose las manos sobre la boca,
chiflaba muy hondo como si tuviera
un pequeño clarinete entre las palmas.

"Así canta la paloma", decía mi papá.

Tarde o temprano llegaba una paloma
y se posaba en un árbol cercano.

De vez en cuando mi madre nos sorprendía
en la cena recitándonos poesía.
Mientras cenábamos un plato de guisado
y una tortilla dura de harina, se paraba
de puntillas y con las manos levantadas
parecía pedirle lluvia a las nubes.

De sus labios brotaban palabras melodiosas
y por un momento el mundo entero
dejaba de girar.

$\mathcal{D}$espués de la cena y después de que nuestras pocas
gallinas viajeras corrían a sus estacas,
mi padre tocaba su armónica
y nos contaba cómo había salido de Chihuahua, México,
y cómo había llegado a los Estados Unidos.

"Mi amá falleció mientras yo nacía, y mi apá murió
de cansancio en los campos", nos decía.
"Sólo tenía catorce años cuando salté
al tren para venirme a los Estados Unidos, al Norte.
Me habían dicho que podía montar caballos en Wyoming,
pero cuando llegué allá hacía tanto frío que al escupir
la saliva se hacía hielito al chocar con la tierra".

$\mathcal{M}$i mamá era una curandera.
Cuando un gorrión chocaba contra
nuestra casita cuadrada, mi mamá lo cogía
con mucho cuidado y le sobaba la cabecita
con alcohol y té de eucalipto.

A veces visitaba a los hijos enfermos de los vecinos.
"Para la calentura", me decía, "se necesitan plantillas,
para los pies".

"Primero, en un plato hondo, se mezcla la manteca
con espauda. Luego se la untas a las piernas y los pies.
Con cuidado, envuelves los pies en unos periódicos".

En la mañana, frescos y sorprendidos, los niños saltaban
de sus camas en sus ruidosas botas de papel.

El camino cambiaba con las estaciones.

Durante el invierno,
mis padres podaban vides en Delano.
En la primavera nos íbamos a Salinas
para la pisca de melón, lechuga y bróculi.

Al comienzo del verano,
regresábamos a Delano y Parlier
para recortar racimos de uvas para que
algunas crecieran más dulces.

Ya para el fin del verano,
cuando las hojas cambiaban de color,
cruzábamos el valle piscando uvas.
Para que se secaran, las extendíamos
en tiras de papel sobre la tierra.

Y con el tiempo, bajo el sol, los pequeños
planetas luminosos dejaban de alumbrar
y se volvían oscuras pasas.

En los valles junto a las montañas
de Lake Wolfer, en vez de dinero,
a mi padre le pagaban
con sacos de camotes
y baldes de peces de agua dulce.

Él trabajaba para gente jubilada
como el señor Kelly, el irlandés,
que le pagaba con conejitos vivos
y la señora Jameson que le pagaba
con charolas de bísquetes de maíz.
En vez de juguetes, mi papá traía a casa
bolsas de aguacates y guajolotes
voladores.

Los guajolotes sacudían sus narices rojas,
desplegaban sus plumas grises
y me correteaban.

Yo amaba la noche.

"¿Oyes a los lobos en las montañas?"
me preguntaba mi mamá.

Los lobos eran los cantantes de las sierras.
Me los imaginaba olfateando a la luna.
Con sus prolongados aullidos y altas notas,
parecía que lloraban en la oscuridad
como niños perdidos.

Haciendo una jícara con las manos sobre mi boca,
yo me unía a los lobos.

Una fiesta en las montañas era un raro placer.
Los otros campesinos nos convidaban.
Trabajaban en los jardines como mi papá
o en las casas como mi mamá.
Nos reuníamos bajo una carpa tan grande como
las de circo, arrecholados al lado de la montaña.
Me acuerdo de las estufitas y su fuego, las guitarras,
la armónica de mi papá y las tortillas dulces
del tamaño de mi mano que sabían a anís.

Los hombres me subían en sus brazos y me ofrecían
churros con canela y azúcar.

Era nuestra ciudad de rostros morenos,
creada con música y sonrisas.

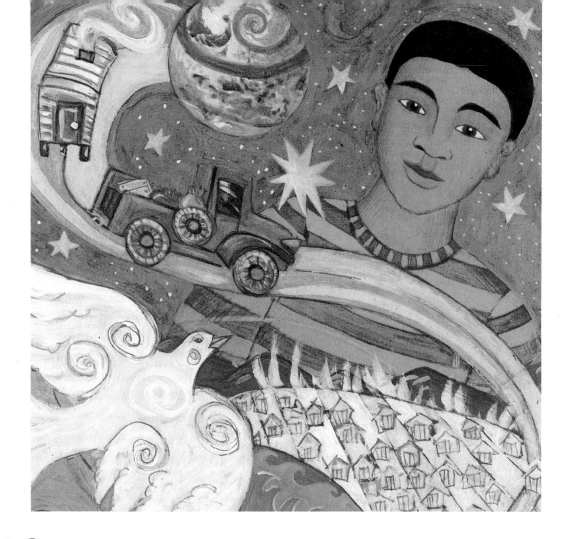

"Ya es el tiempo de asentarnos. Es hora que Juanito vaya a la escuela", al fin le dijo mi mamá a mi papá.

Tenía ocho años y ya había recogido los paisajes
del valle cerca de mi corazón:
en su tractor, mi papá dando vueltas a la tierra,
con su canto, mi mamá levantando la cara al sol.

Nuestra casita rodante bajaba en espiral
de las montañas hacia las ciudades del Sur de California.

Cuando las ciudades estaban a la vista, yo sabía
que algún día iba a seguir mi propio camino.
Mi voz volaría como los poemas que recitaba mi madre,
como el canto de las palomas que me enseñó mi padre.

Conozcamos al autor
Juan Felipe Herrera

Juan Felipe Herrera es un escritor mexicoamericano. Trabaja en su estudio rodeado de imágenes que le gustan, fotos o recortes que ha pegado en la pared frente a su escritorio. Uno de los secretos que tiene para escribir es empezar por inventar una lista de títulos que le gustan. Cuando necesita un cuento, escoge uno de los títulos y escribe sobre él. Al señor Herrera le gusta relatar las cosas que pasan en la vida diaria y las cosas que de niño lo impresionaron, como el circo, los carnavales, el sonido de las olas y el mar.

Conozcamos a la ilustradora
Elly Simmons

El canto de las palomas trata de la vida de los campesinos mexicanos en Estados Unidos. Elly Simmons aprecia la cultura de México. Quedó tan impresionada con los tapices de los indígenas zapotecas que le  encargó a una pareja de zapotecas que tomaran imágenes de 14 de sus pinturas y las tejieran en tapices de lana. La señora Simmons toma elementos de varias culturas para crear su arte. Su obra se publica en varios países en forma de tarjetas, afiches y calendarios.

Si fueras el autor del cuento por un día, ¿qué parte de su infancia te gustaría revivir? ¿Por qué?

Comprensión de lectura

1. El autor utiliza muchos colores y sonidos. Escribe algunas frases que mencionen colores y sonidos.

2. ¿Por qué decide la familia dejar de viajar de un lado a otro? ¿En qué crees que cambiaría el cuento si el autor hablara de un solo lugar?

3. Compara este cuento con otro que leíste este año, *Los pájaros de la cosecha*.

4. Expresa tu **opinión**: ¿Crees que al autor le gusta viajar con sus padres? Explica.

5. Al autor le gusta usar su imaginación. Por ejemplo, describe su casa como una "barra de pan con ruedas". Expresa tu **opinión**: ¿Crees que el uso de la imaginación mejora el cuento? ¿Por qué?

Dibuja una postal

Recuerda un viaje que hayas hecho o imagina uno. Dibuja una tarjeta postal con una escena de ese viaje. Luego escribe detrás de tu tarjeta una nota para alguien de tu familia.

Las distintas caras del idioma español

por Marisa Gast

El español, como muchos otros idiomas del mundo, varía de un lugar a otro y de país a país. A estas variaciones podemos llamarlas "regionalismos del español".

En distintas ciudades de Estados Unidos, tales como Nueva York, Chicago, Los Ángeles y Miami, viven muchas personas que vienen de diferentes países latinoamericanos. Se oyen expresiones que identifican a las personas con su país de origen.

Para los argentinos el *autobús* es el *ómnibus* o *colectivo*; para los mexicanos, es el *camión* y para los colombianos, es el *bus*. Para los habitantes de Puerto Rico, es una *guagua*. Pero para los peruanos y los chilenos, una guagua... ¡es un bebé!

Si hablamos de comida, el español sí que cambia: En Puerto Rico, para celebrar los cumpleaños se come *bizcocho*. En Colombia se celebra con *ponqué*, en México se come *pastel*, en Argentina se come *torta* y en Perú, *queque*.

Relacionar lecturas

Leer un artículo informativo corto

✓ **Identifica la idea principal.** Como el artículo es corto, podrás hacerlo rápidamente.

✓ **¡Disfrútalo!** Los artículos cortos a menudo proporcionan datos interesantes.

Enfoca tu lectura

Este artículo trata sobre los regionalismos del español y cómo varían de país a país. A medida que lees, piensa en las palabras que el niño de El canto de las palomas podría haber oído durante sus viajes.

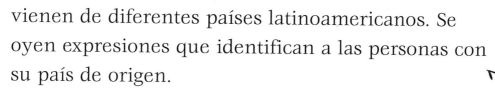

Los *tamales* colombianos y peruanos son parecidos a los *pasteles* de Puerto Rico, a las *hallacas* de Venezuela y los *nacatamales* nicaragüenses.

Las *habichuelas* son en Puerto Rico lo mismo que los *fríjoles* en Colombia, las *caraotas* en Venezuela, los *frejoles* en Perú y los *frijoles* en Honduras.

El maíz es *elote* en México, *choclo* en Perú y *mazorca* en Colombia.

Se toma *refresco con sorbeto* en Puerto Rico; *gaseosa con pitillo* en Colombia; *soda con pajita* en Argentina; *refresco con popote* en México; y en Perú, *refresco con cañita*.

A veces aun hablando el mismo idioma no nos entendemos: cuando dicen *mahón* en Puerto Rico, no te imaginarías que están hablando de *pantalón de lona* en Guatemala, de *vaqueros* en Argentina y de *pantalón de mezclilla* en México. *Chaqueta, chamarra*

y *campera* son palabras que se usan en Colombia, México y Argentina, respectivamente.

El español que se habla en los Estados Unidos a veces tiene influencia del inglés. Así, *troca* viene de *truck* (camión), *transportación* viene de *transportation* (transporte), *yarda* viene de *yard* (patio), y tanto *mapa* como *mapo* vienen de *mop* (trapeador).

De la misma manera, el inglés estadounidense también se ha visto modificado por el español: *mosquito, corral, patio, plaza, rodeo,* etc. son todas palabras que provienen del español.

Éstos son algunos ejemplos de regionalismos y otros usos creativos del español, que a veces nos suenan un poco extraños cuando los oímos de personas de diferentes países. Son pruebas de la variedad que enriquece nuestro idioma.

Propósito del autor

- El **propósito del autor** o de la autora es la razón que tienen los autores para escribir.

- A veces los autores nos informan o nos explican algo.

- Otras veces los autores nos entretienen. Nos hacen sentir lo que siente otra persona o nos divierten con la lectura.

Lee "Un grillo en Times Square", por George Selden.

En tus palabras

1. ¿Qué tipo de sensación o ambiente percibes al leer "Un grillo en Times Square"?

2. ¿Cómo crea el autor esa sensación?

Un grillo en Times Square

por George Selden

Los tres bajaron al suelo y atravesaron la grieta en la madera, que tenía el ancho preciso para que Harry pudiera pasar por ella.

Mientras cruzaban el vestíbulo de la estación del metro, Tucker le iba mostrando las atracciones locales, como la cafetería Nedick's, en la que el ratón solía pasar mucho tiempo, y la bombonería Loft's. Llegaron así al desagüe. Chester tuvo que dar unos saltitos muy pequeños, para no golpearse la cabeza mientras subían. El tubo parecía girar y enrollarse cientos de veces, pero Tucker Ratón conocía de sobra el camino, incluso a oscuras. Por fin, Chester vio unas luces encima de ellos. Un salto más le llevó fuera. Y ahí se quedó, sin aliento, agachado contra el cemento de la acera.

Se encontraban en una de las esquinas del edificio del Times, situado en el extremo sur de Times Square. Torres como montañas se alzaban sobre la cabeza del grillo, hacia el cielo estrellado de la noche. Era muy tarde, pero los letreros de neón seguían encendidos. Luces rojas, azules, verdes y amarillas lo iluminaban todo, y el aire estaba lleno del ruido ensordecedor de los humanos que iban y venían. A Chester, Times Square le pareció una enorme concha marina llena de colores y ruidos que parecían olas chocando una y otra vez. Sintió una punzada en el corazón y cerró los ojos. Lo que estaba viendo era demasiado bello y terrible para un grillo que hasta entonces había medido las alturas comparándolas con un tronco, y los ruidos con el burbujeo de su riachuelo.

—¿Qué te parece? —le preguntó Tucker Ratón.

—Bueno… es… es algo asombroso —balbuceó Chester.

OJO A LO QUE VIENE

Tom

En el siguiente cuento, un dinosaurio viajero se hace amigo de un niño. Lee y decide cuál era el propósito del autor al escribir esta selección.

Vocabulario

Palabras nuevas

bienvenida	desfile	niebla
destacar	nostalgia	viajar

Al leer, quizás encuentres palabras que no conoces. Para averiguar su significado, busca pistas cerca de la palabra desconocida. Fíjate en detalles o ejemplos.

Mira cómo se usa *nostalgia* en el siguiente párrafo. Busca una explicación en las oraciones. ¿Qué significa *nostalgia?*

El desfile

Ayer mi papá y yo fuimos a un gran desfile de bienvenida en honor a mi equipo de béisbol favorito. Fue divertido, a pesar de que la niebla espesa no dejaba ver bien. Por fin los primeros jugadores se empezaron a destacar entre la multitud. Mi papá siente nostalgia al recordar sus días de pelotero. Ahora tiene que viajar mucho y no tiene tiempo de jugar.

Escribe

Describe una celebración que hayas visto. Usa palabras del vocabulario.

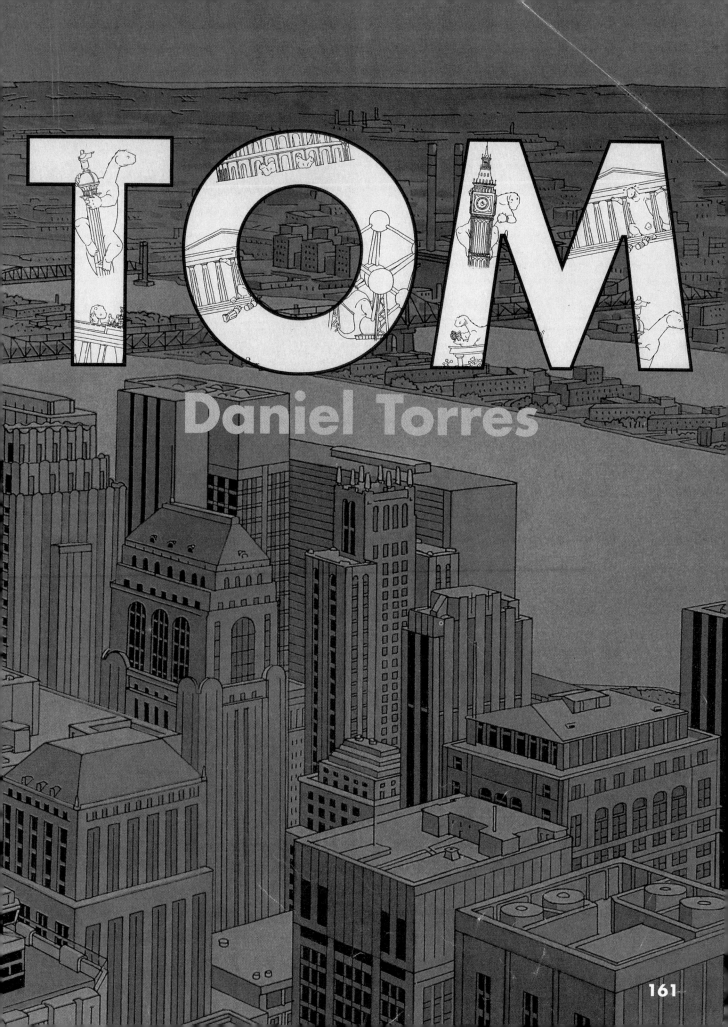

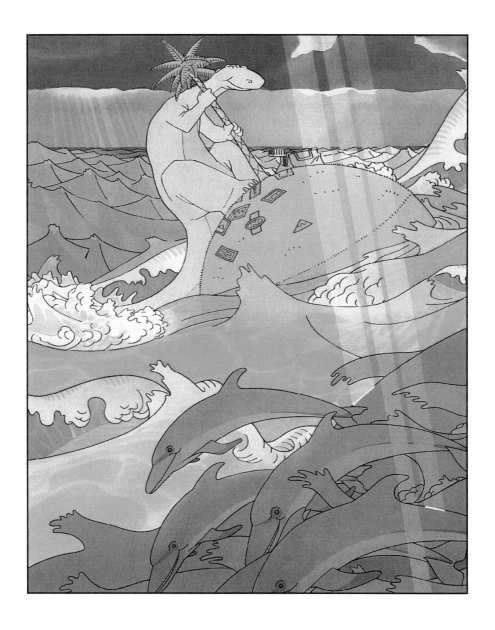

Éste es Tom.

A Tom le gusta mucho viajar. A muchas personas les gusta viajar. Viajan en automóvil o en tren, en avión o en bicicleta, pero lo curioso de Tom es que él viaja subido a una isla. Además, Tom no es una persona. Es un dinosaurio.

Pero, él no lo sabe.

Una mañana, Tom cogió su cepillo de dientes, subió a su isla y, remando con su fuerte cola, emprendió un nuevo viaje.

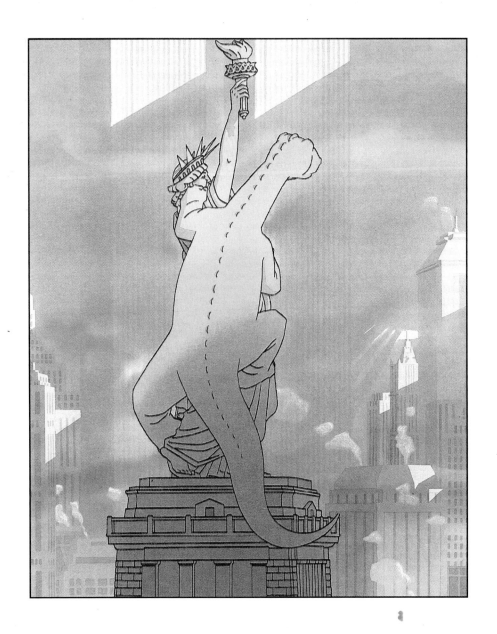

Al cabo de muchos días, Tom divisó en el horizonte una figura que parecía hacerle señas y puso proa hacia allí. Le encanta que se fijen en él.

Cuando llegó, saludó efusivamente pero sólo pudo oír un chillido.

"Serán las ratas", pensó.

En ese momento el sol, que derretía la niebla de la mañana, le mostró unas bulliciosas siluetas cercanas. Y hacia aquel lugar se dirigió.

Tom creyó que todo aquel ruido y ajetreo era en su
honor. De inmediato imaginó que le iban a ofrecer un
gran desfile de bienvenida.

Así que amarró su isla al muelle y echó pie a tierra
dispuesto a recibir, entre vítores y aclamaciones, las
llaves de la ciudad.

¡Oh! Debía haber algún error. ¡Le estaban gritando e insultando! Y un tipo con uniforme, que ponía cara de llevarlo puesto muchas horas, le dijo que si no desaparecía de allí y dejaba de molestar, le convertiría en picadillo para hamburguesa.

¿Qué hacía, pues, toda esa gente si no le esperaban a él? El pobre Tom se preguntaba cómo era posible que todos siguieran su camino y nadie se fijara en él. Decidió dirigirse a un sitio tranquilo para buscar una respuesta.

Tom no es que sea muy torpe, pero si entras a un parque en el que no puedes ver dónde pisas, ¿qué ocurre? Un desastre tras otro. Y si además las hojas se te meten en la nariz, ¿qué puedes hacer?

Estornudar sin parar.

Tom consiguió que ese año se adelantara el otoño.

El otoño es muy bonito, pero déjalo caer en mitad
del mes de mayo y verás la cantidad de personas que
te miran fijamente mientras te enseñan los dientes.

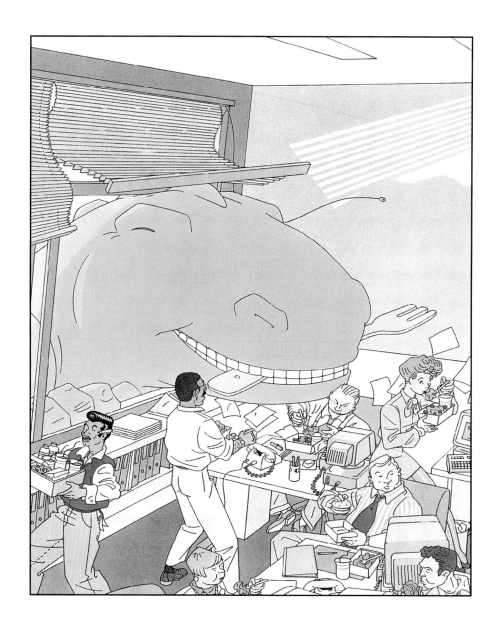

Aunque en ese momento a Tom no pareció importarle: se había echado encima la hora de comer.

Tom no comprendía nada. Había intentado con sus mejores modales que le invitaran a comer y, sin embargo, se quedó sin probar bocado.

Y es que había cosas que no le entraban en la cabeza.

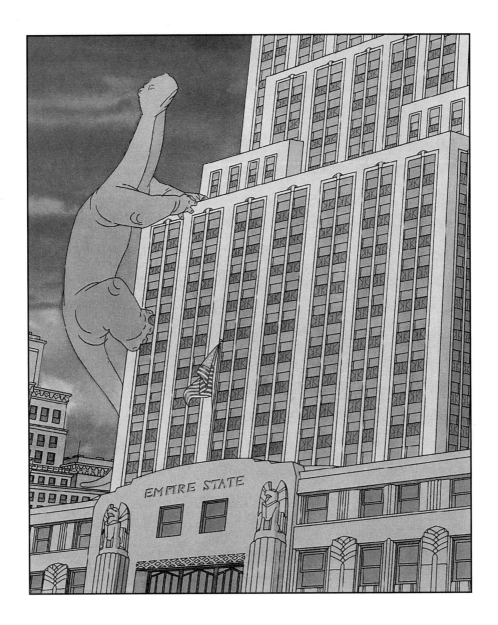

Así transcurrió más o menos todo el día. Al caer la tarde, Tom, medio perdido, encontró aquel sitio en lo alto que le recordaba un poco a su isla. Subió allí a pasar la noche.

Triste y cansado, se sentó en la cima, con la ciudad bajo los pies, a mascullar su malhumor. Abajo, las luces corrían veloces sin preocuparse de él.

Poco antes de dormirse, salió la Luna, y Tom sintió la necesidad de decirle a alguien que él seguía allí.

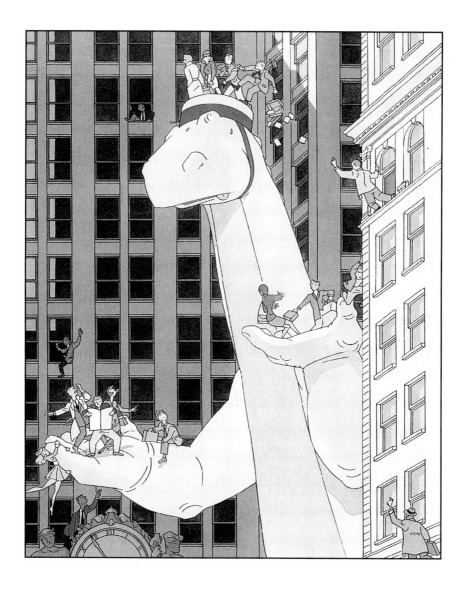

Por la mañana, cuando el Sol encendía las ventanas más altas, Tom se lavó los dientes y, dispuesto a no meter más la pata, se puso a mirar detenidamente cómo funcionaba el mundo de ahí abajo.

Vio que todos tenían alguna cosa que hacer, una actividad que les ocupaba su tiempo. También se dio cuenta de que si trabajas metido en un uniforme, los demás piensan que lo haces mejor. Así que se puso uno.

Como ascensorista las cosas no fueron ni para arriba ni para abajo, de modo que, en días sucesivos, fue probando con otros uniformes.

Hasta que se dio cuenta de que, si continuaba por aquel camino, sus planes de resultar simpático iban a entrar en vía muerta.

Tom no se rindió. De pronto se dijo que lo importante no era ser igual a los demás, sino destacar: hacer muchas cosas complicadas y más rápido que nadie.

Si esa idea por sí sola no resultaba ya bastante disparatada, él quiso, además, hacer todas las cosas difíciles al mismo tiempo.

La calle toda llena de hormigón, acero y pintura, no quedó con muy buen aspecto. Esta vez acudió toda la policía: le dijeron que buscara una alcantarilla y abandonara la ciudad.

Tom se dio por vencido. Por la noche recordó con nostalgia su isla, sola en medio del puerto. Decidió irse al día siguiente.

Éste es Billy.

A Billy le gusta mucho viajar, pero debe ir a la escuela. Va y vuelve de ella caminando todos los días.

Esa mañana se había quedado mirando las huellas de colores que había por toda la calle.

Fue el único que se fijó en ellas, seguramente porque Billy es un niño. Por eso mismo no pudo evitar seguirlas. Las huellas le llevaron a Tom.

—¡Oh! Un dinosaurio con las patas de colores —exclamó el niño.

"¿Qué será un dinosaurio?", se preguntó Tom intrigado.

—Yo tenía en una caja un dragón violeta que echaba fuego, pero mi padre no me creía —le dijo Billy.

"Yo nunca he tenido un niño, pero te creo", pensó Tom.

—¿Quieres venir conmigo? Mi caja está vacía ahora —le pidió el niño.

"¿Una caja o una alcantarilla?", se preguntó Tom dándose una última oportunidad. Y fueron a casa de Billy.

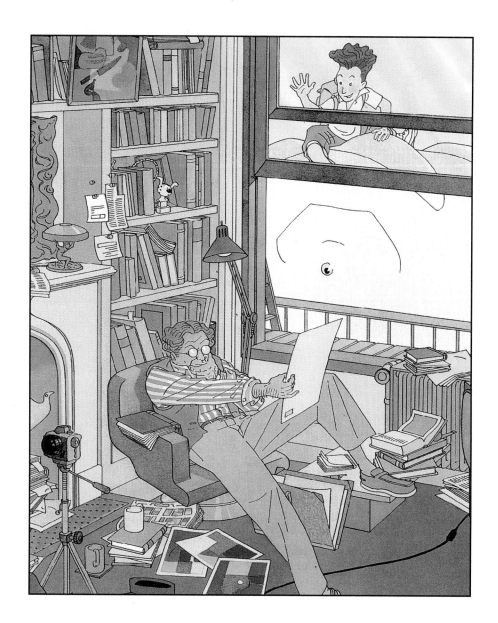

—¿Puedo quedarme con el dinosaurio? —gritó Billy
a través de la ventana.

—¿Qué sabe hacer? —preguntó el padre de Billy
sin interés y demasiado ocupado en su trabajo.

—Papá: Tom deja huellas de colores.

—¡Huellas de colores! —exclamó el padre del niño,
que era crítico de arte y aquello le sonaba como una
revelación. Se asomó a la ventana y vio cómo las patas
de Tom, todavía húmedas de pintura, habían decorado
la calle.

—¡Un dinosaurio artista! ¡Qué descubrimiento!
¡Lo llamaré el pop-art prehistórico! ¡Esto significa fama
y dinero! —aullaba el crítico de arte saltando de alegría.
Tom no sabía lo que era el dinero, pero eso de la fama
le sonaba muy bien.

El padre de Billy compró mucha pintura y comenzó
a hacer llamadas. Sabía lo qué tenía que vender y
cómo hacerlo.

La televisión lo sacó a todas horas, los periódicos y las
revistas hablaban de él y reproducían su foto cientos y
cientos de veces. Fue elegido el artista de fin del milenio.

Tom ya era famoso.

Ahora no podía dar un paso sin que una multitud le siguiera y aclamara. Todos querían verle, tocarle, pedirle su autógrafo, fotografiarse con él…

Lo había conseguido.

Todos los domingos organizaban desfiles en su honor. Tom ya sabía lo que era ser un dinosaurio. Tom ya sabía lo que era ser un dinosaurio famoso.

El problema es que tenía que serlo todo el día y, como
no cabía en la caja de cartón de Billy, cuando querían
jugar a solas tenían que hacerlo en los sitios más raros
y procurar que no los encontraran.

Pero ya no había sitio donde esconderse y Billy se dio cuenta de que, cada vez más, su amigo se quedaba mirando al mar con cara triste. Así que un día apoyó su mejilla encendida en el hocico de Tom y le dijo:

—Querido Tom, sé que si aún no te has ido es por mí, pero si te quedas no nos dejarán seguir siendo amigos. Es mejor que comiences otro viaje.

—Snif, snif —consiguió decir Tom.

Y esa tarde, Billy ayudó a Tom a marcharse.

A Billy le sigue gustando la idea de viajar, por
eso recuerda que Tom le prometió venir a buscarle
pronto. Mientras, en su caja de cartón tiene una rana.

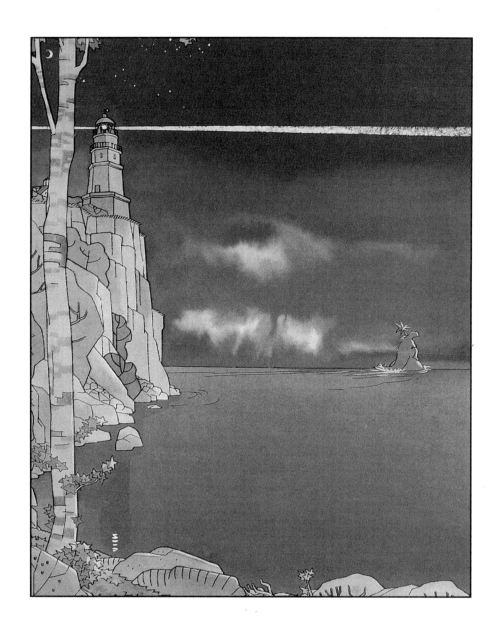

¿Y Tom?

Oh, a Tom te lo puedes encontrar el día menos
pensado en cualquier sitio. Le reconocerás: un tipo
grande, curioso, cariñoso y algo cascarrabias…
que cree ser un dinosaurio.

Daniel Torres

Daniel Torres es ilustrador y escritor de cuentos cómicos. Cuenta que cuando era niño le gustaba inventar cuentos sólo por el placer de dibujarlos. Después de estudiar arte trabajó en varias casas editoriales ilustrando y escribiendo sus propios cuentos. Su sueño se había convertido en realidad.

Después de trabajar como ilustrador por casi 20 años, el señor Torres ha comenzado a pintar al óleo cuadros sobre el personaje de Gulliver. Acaba de terminar su segundo libro, *Tom en Los Ángeles,* que también trata sobre las aventuras de Tom, el dinosaurio que conocimos en este cuento. Actualmente vive en España y en su tiempo libre se dedica a leer libros, ir al cine y dibujar. Uno de sus pasatiempos favoritos es dibujar cualquier cosa en cualquier parte.

Coméntalo

¿Te gustaría ser amigo de Tom? ¿Por qué?

Comprensión de lectura

1. ¿Qué crees que quería Tom al principio del cuento? ¿Consigue lo que quería? Explica.

2. ¿Por qué decide Tom que debe irse?¿Cómo reacciona Billy ante la decisión de Tom?

3. ¿Qué crees que habría ocurrido si Tom se hubiera quedado?

4. El **propósito del autor** es la razón que tiene un autor para escribir. Escribe uno de los posibles propósitos del autor para escribir sobre Tom.

5. El autor escribió el cuento según el punto de vista de Tom. ¿Por qué crees que lo hizo así?

La galería de arte de Tom

Haz un dibujo al estilo de Tom. Escribe un párrafo sobre tu dibujo. Expón tu trabajo junto al del resto de tus compañeros.

Jaguar con papel de seda

por Montserrat Llongueras, Cristina Picazo y Anna Sadurní

Relacionar lecturas

Leer un artículo con instrucciones

✓ **Primero lee las instrucciones.** Sabrás paso por paso cuánto tiempo te tomará tu proyecto o qué tan difícil será.

✓ **Reúne los útiles necesarios.** Ten todo lo que necesites antes de empezar.

Enfoca tu lectura

Este artículo instructivo muestra cómo construir un jaguar de papel de seda. A medida que leas, piensa en cómo Tom habría pintado un jaguar después de leer este artículo.

Para que un dibujo parezca en movimiento, los ilustradores utilizan ciertas técnicas. Sigue estas instrucciones y haz tu propio jaguar.

1 Esbozamos el animal: un óvalo para la cabeza, una línea para el cuerpo y cuatro más para las extremidades. Lo dibujamos.

2 Elaboramos la composición. Aquí, utilizando sólo una parte del animal y haciendo que una pata sobresalga del borde, hemos logrado que parezca que acaba de entrar y vaya a salir de la página.

Consejo útil

Para pegar el papel de seda y evitar que se arrugue, se pone cola sobre el soporte, se pega la punta del papel de seda y, con un pincel, se extiende hasta que está totalmente adherido.

3 Calcamos en un papel de seda naranja el perfil del animal. Recortamos y pegamos con látex, diluido en agua, sobre el papel.

4 Trabajamos el fondo recortando trozos de papel de seda de distintos colores y pegándolos superpuestos en parte, procurando que quede siempre libre la figura del animal.

5 Al superponer los papeles, aparecen nuevos colores: en el paso anterior, el amarillo sobre el azul da verde y, sobre rojo, naranja. Aquí, el rojo sobre azul da lila y, sobre verde, marrón.

6 Terminamos el fondo. Barnizamos toda la superficie con látex. Una vez seco, dibujamos el perfil del jaguar con tinta negra. Para las manchas, utilizamos a modo de almohadilla la punta enroscada de un trapo impregnado en tinta.

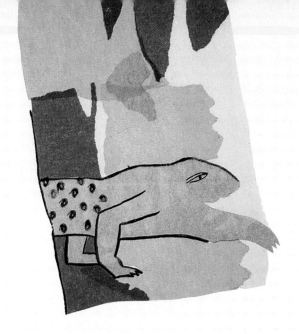

7 Dibujamos el borde y los detalles con tinta o, más fácil, con un rotulador permanente.

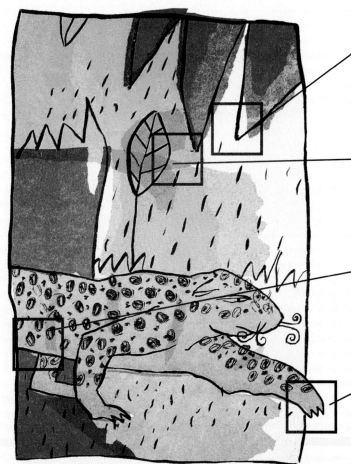

Los bordes y los detalles se perfilan con un rotulador negro permanente o con un pincel impregnado de tinta.

Al superponer los papeles de seda se obtienen nuevos colores.

Estas manchas se consiguen utilizando, a modo de almohadilla, la punta enroscada de un trapo impregnado en tinta.

Con la pata saliendo del borde se refuerza la idea de movimiento.

Predecir

- **Predecir** es tratar de adivinar los sucesos que pasarán en un cuento, en base a lo que ya ha ocurrido.

- Una **predicción** es lo que tú dices que va a ocurrir.

- Al leer, usa lo que ya conoces de tu vida diaria y lo que has aprendido. Busca pistas en el cuento para decidir qué podría pasar luego.

Lee "Allie y su sueño de básquetbol", por Barbara E. Barber.

En tus palabras

1. ¿Qué pistas del cuento y de tu vida diaria te sirvieron para hacer la predicción?

2. ¿Fue acertada tu predicción?

Allie y su sueño de básquetbol

por Barbara E. Barber

La primera vez que vio un partido de básquetbol en Madison Square Garden, a Allie le gustó todo: el ruido, la gente, las luces sobre la cancha. Y supo que ella también sería jugadora profesional de básquetbol. Un día su amigo Buddy le ofreció goma de mascar a cambio de su pelota de básquetbol.

Allie abrazó fuerte a su pelota de básquetbol.

—¡Ni de broma me deshago de esta pelota! Es un regalo de papá. Algún día voy a ser la mejor jugadora de básquetbol.

—Bueno —resopló Buddy—, algunos niños creen que las niñas no deberían jugar al básquetbol.

—¡Eso es una tontería! —Allie botó la pelota—. Mi prima Gwen juega en uno de los mejores equipos de básquetbol de las escuelas secundarias estatales. ¡Ha ganado más de diez trofeos!

Buddy parecía sorprendido.

—Algunas niñas creen que los niños no deberían saltar a la cuerda —siguió diciendo Allie—. Dicen que no lo hacen bien. Eso es también una tontería.

Buddy sacó dos chicles.

—¿Quieres uno?

Allie y Buddy inflaron grandes globos morados y explotaron tan fuerte que Dominó fue corriendo hacia ellos para investigar. Fue brincando hasta Allie y olfateó su pelota de básquetbol.

—¿Quieres jugar al básquetbol, Dominó? Vamos, pequeño, vamos a jugar.

De pronto, Allie salió corriendo mientras driblaba y rebotaba la pelota.

> **Predice lo que Allie hará ahora que ha empezado a jugar al básquetbol.**

Allie se volteó hacia la canasta e hizo un tiro de larga distancia. La pelota rozó el tablero, giró sobre el aro y entró.

Buddy se levantó de un salto del banco donde estaba sentado.

—¡Buen tiro, Allie! —gritó, y fue corriendo a recoger la pelota.

—Gracias —dijo Allie, radiante de alegría.

Allie recogió la pelota y la dribló, ahora más cerca de la canasta.

"Estoy impaciente por mostrarle a papá lo que sé hacer", pensó Allie.

La pelota subió y subió. No tocó el tablero. No tocó el aro. No tocó nada.

¡Zum! ¡Adentro!

Los niños más grandes de la cancha de al lado aplaudieron. El Sr. González silbó. Dominó ladró. Entre todo el alboroto, se oyó una voz conocida: ¡La de su papá!

ojo A LO QUE VIENE

La pelota

En el siguiente cuento, una pelota de fútbol nos relata sus aventuras. Lee y trata de predecir lo que pasará.

Palabras nuevas

| emocionante | fútbol | patada |
| inútilmente | oscuridad | pelota |

Muchas palabras tienen más de un significado. Para saber cuál se usa en la oración, busca pistas en las demás oraciones.

Lee el siguiente párrafo. Decide si *único* significa "extraordinario" o "solo".

Un partido <u>emocionante</u>

Ayer jugamos un partido de <u>fútbol</u> con el equipo San José. Yo trataba <u>inútilmente</u> de pasarle la pelota a Celinda, pero alguien siempre me la quitaba. Finalmente, Celinda logró robarse la <u>pelota</u> y con una <u>patada</u> muy fuerte anotó el único gol del partido. Esa noche, en la <u>oscuridad</u> de mi habitación, recordaba todo lo que había pasado. En verdad que fue un partido <u>emocionante</u>.

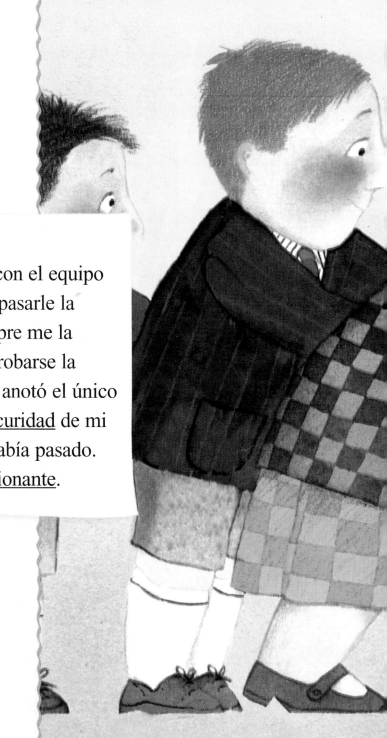

En tus palabras

Describe tu deporte favorito a un amigo o amiga. Usa palabras del vocabulario.

La pelota

por Lluís Solé Serra

ilustrado por Carme Solé Vendrell

Mi historia empezó un buen día en el escaparate
de una tienda. Estaba con un montón de juguetes,
contemplando a la gente de la calle y los coches que
pasaban continuamente ante nosotros.

Estaba distraída con mi diversión, cuando unos niños
que iban con un señor mayor se pararon a mirarme
durante un largo rato, mientras decían cosas bonitas de
mí. Parecía que yo les gustaba.

Aquellos niños iban a la misma escuela, todos vestían
uniforme: chaqueta azul marino y pantalón de color
oscuro. El hombre que les acompañaba era su maestro,
el señor Félix.

—¡Queremos esa pelota! —gritaban los pequeños.

Al momento ya estaba pasando entre los muchachos,
de unas manos a otras. ¡Qué jaleo, madre mía!

Pero antes me había despedido de mis compañeros,
deseando que tuvieran suerte y que no me olvidaran.

Al llegar a la escuela, entraron en el aula entre aplausos
y risas. La sala era muy grande. Muchas mesas y sillas,
una gran pizarra, las paredes llenas de dibujos, ventanas
que daban al patio de la escuela. Había todo eso y otras
cosas que no recuerdo ahora. Decidieron que yo iría a
vivir a casa de un niño, Dani. Cuando estuve en su hogar,
me quedé boquiabierta. Parecía un palacio, tan enorme
y bonito era: dos plantas y desván, rodeadas por un jardín
lleno de flores de colores.

Yo pensaba que me presentaría a sus padres, pero no fue así. Dani besó a su madre y me encerró en una habitación muy oscura.

Cuando me hube acostumbrado a la poca luz que entraba, me di cuenta de que estaba rodeada de juguetes de todas clases. Me llamó la atención un caballo de cartón. Parecía muy triste.

—¿Qué te pasa? —le pregunté.

—Pues que hace mucho tiempo que nadie juega conmigo. Desde que Dani creció, ya no quiere saber nada de mí y me metieron aquí adentro. Si no tuviera los pies clavados en esta madera… ¡Vaya si me escaparía!

Entonces me entró mucho miedo, porque yo no quería pasarme toda la vida en una habitación oscura. Recordé el escaparate de la tienda; allá por lo menos podía ver a la gente de la calle. ¡Cómo corrían cuando llovía! No pude evitarlo y dos lágrimas escaparon de mis ojos.

Pero se me pasó enseguida porque en aquel momento se abrió la puerta del cuarto. Era Dani que venía a buscarme.

—Ven, que vamos a jugar tu primer partido de fútbol.

Realmente era muy emocionante. Yo era el centro de la atención. Sin mí, todos aquellos niños no hubieran podido jugar. Yo iba de uno a otro, aunque procuraba ir más con Dani. Cuando él me chutaba, me esforzaba por evitar al portero y meter gol, pero era más difícil de lo que pensaba. Acabó el partido y… ni una vez había entrado en la portería.

Después de jugar me volvieron a encerrar en la habitación oscura. Vi con sorpresa que el caballo de cartón ya no estaba allí.

—Ha venido la dueña y se lo ha llevado —dijo una voz.

Era un payaso que estaba sentado y que también parecía triste.

—Pero, ¿adónde? —pregunté.

—A casa de un primo de Dani que es pequeño y que jugará más.

—Y tú, ¿qué haces aquí?

—¡Uf! Cuando Dani era muy pequeño, casi como yo, siempre dormíamos juntos. Un día se cansó y me encerraron aquí. Igual que harán contigo cuando ya no te quieran. Ni se acordarán de que los hiciste felices.

Una mañana me llevaron de excursión. Con los otros niños de la escuela y el señor Félix fuimos a la montaña. Yo nunca había estado y puedo decirte que me gustó mucho. Tantos árboles, flores, pájaros, mariposas y animalitos de diversas especies y medidas. Se respiraba tan bien que eso me hizo recordar la oscuridad de la habitación. Entonces me vino la idea de huir y huir. Mientras los niños jugaban conmigo, y aprovechando una patada algo fuerte, me desvié y, metiéndome entre unos árboles, fui a parar a un río y… ¡al agua, patos! Los niños corrían tras de mí, pero yo iba más deprisa. Pronto estaría salvada.

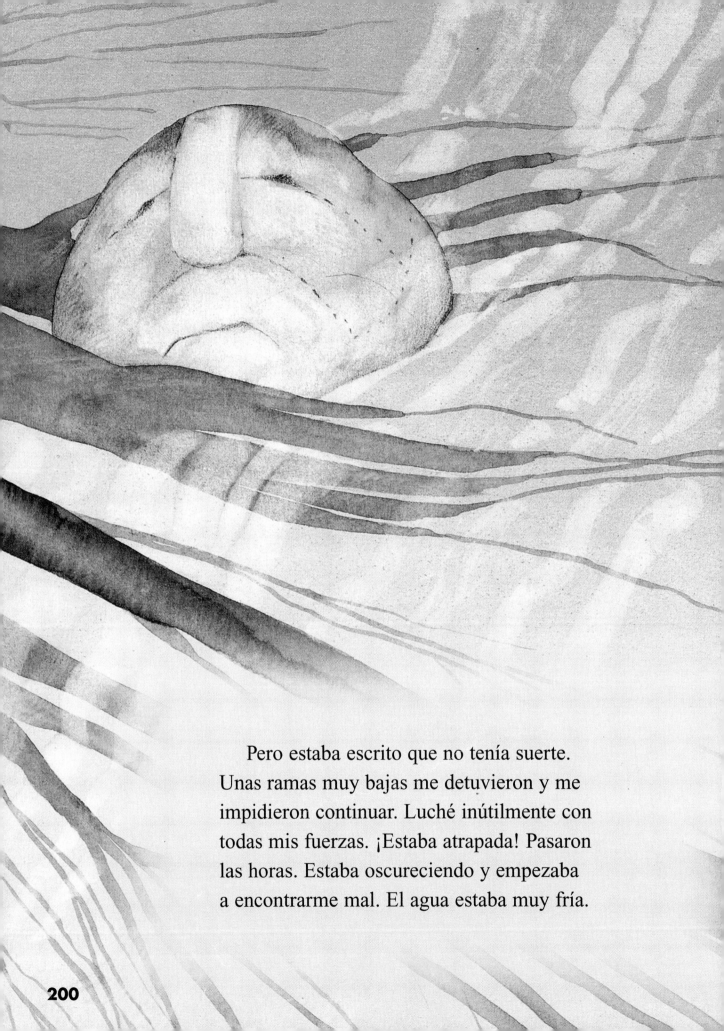

Pero estaba escrito que no tenía suerte.
Unas ramas muy bajas me detuvieron y me
impidieron continuar. Luché inútilmente con
todas mis fuerzas. ¡Estaba atrapada! Pasaron
las horas. Estaba oscureciendo y empezaba
a encontrarme mal. El agua estaba muy fría.

—Ya la tengo —oí de pronto. Uno de los niños que me había seguido río abajo me sacó del agua. Se lo agradecí, pues estaba helada y llena de arañazos. Al principio los niños estuvieron muy contentos de verme, pero enseguida hicieron unos comentarios que me estremecieron:

—¡Oh!, ¡Fíjate cómo se ha estropeado!

—¡Ha perdido el color!

Y era cierto. El agua me había ablandado y la piel me caía a tiras. En esos momentos me sentía muy abatida.

Tras la aventura del río, pasé días enteros en la habitación oscura, sin saber si era de día o de noche. Los otros juguetes estaban mudos. Una mañana se abrió la puerta de la habitación. Era Dani. ¿Puedes imaginar lo que llevaba en las manos? ¡Una pelota! Nueva y muy bonita. Eso significaba que yo, pobre de mí, no servía ya para nada. Dani la dejó, y cogiéndome sin muchos miramientos me llevó con él.

"¡Ay, madre! ¿Dónde me lleva?" pensaba yo.

Anduvimos mucho rato y llegamos a un lugar lleno de basura. De una patada me lanzó en medio de un montón de latas y bolsas de plástico. ¡Ahora sí que quería morirme! Me había quedado completamente sola entre la porquería.

Los días pasaban y yo estaba cada vez más débil. Me faltaba aire, estaba muy desinflada y no podía vivir del mal olor que me rodeaba. Para postre, llovía y hacía frío. Tenía mucha fiebre. Poco a poco se iban acabando mis días.

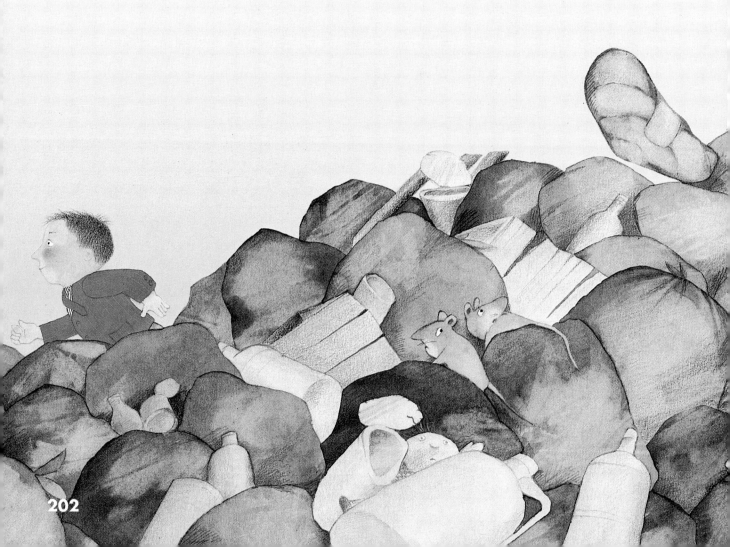

—¡Mira, padre, una pelota!

Creí oír una voz, pero no estaba segura.

—¡Ya la tengo!

Esta vez sí lo creí. Una niña me tenía entre sus brazos.

Pronto estuvimos en su casa. Era pequeña, de una sola planta, y me di cuenta de que no había habitación oscura para los juguetes. Me sacaron y me llenaron de aire. Ya estaba de nuevo bien hinchada. Aquella niña, María, me puso una pomada para engrasar la piel. Poco a poco, con paciencia, me dejó como nueva. Empezaba a encontrarme mejor. Al día siguiente me llevó a su escuela, junto a su casa. Había niños y niñas y todos se alegraron al verme entrar bajo el brazo de María. Y aquí puede decirse que acaba mi historia. Ahora voy cada día a jugar a la escuela. Ya he marcado muchos goles, sobre todo cuando me chuta María, porque con la práctica he aprendido a esquivar a los porteros.

Me siento feliz, me cuidan bien y estoy segura de que están contentos y orgullosos de tener una pelota tan original como yo.

Lluís Solé Serra

Lluís Solé Serra suele escribir cuentos fantásticos que contienen ciertos detalles de la vida real. De niño le gustaba jugar solo y crear su propio mundo. También le gustaban el teatro y los disfraces. Y por supuesto le encantaba jugar a la pelota. Decidió empezar a escribir inspirado por su creativa familia y por la literatura, pintura, dibujo, teatro y cine que disfrutó durante su niñez. *La pelota* es un homenaje a su pasatiempo favorito, el fútbol.

Carme Solé Vendrell

Carme Solé Vendrell se expresa a través de su arte. La Srta. Solé Vendrell dice: "El arte existe en todo lo que nos rodea. El artista es aquella persona que tiene la habilidad de observarlo, transformarlo y comunicarlo al resto del mundo". Cuando Carme era niña le gustaba el ir al teatro, leer, jugar, subir a los árboles y cantar. Sus libros favoritos eran libros de poesía y cuentos clásicos.

Reacción del lector

Coméntalo

¿Conoces algún otro cuento en que los juguetes puedan hablar y sentir? ¿Cuáles son? ¿En qué se diferencian de la pelota?

Comprensión de lectura

1. ¿Crees que Dani trata bien a la pelota? ¿Por qué?

2. ¿Por qué decide escaparse la pelota? ¿Piensas que fue un buen plan?

3. Explica la diferencia entre lo que sienten Dani y María por la pelota.

4. Mientras leías, ¿pudiste **predecir** que Dani iba a deshacerse de la pelota? ¿En qué basaste tu predicción?

5. Según las pistas del cuento, haz una **predicción** sobre cómo será el resto de la vida de la pelota después del cuento.

Juguetes que hablan

Escoge dos juguetes y escribe una conversación entre ambos. Con la ayuda de un compañero o compañera, representa el diálogo.

Hechos y opiniones

- Un **hecho** es algo que puede comprobarse como cierto o falso.

- Una **opinión** es lo que alguien cree o piensa. No se puede demostrar si es cierta o falsa.

- Las palabras que expresan lo que uno siente o piensa, como *creo, podría, me gusta* y *bueno,* son claves para reconocer una opinión.

Lee "En bicicleta por las veredas", artículo de periódico por Stewart Warren.

Escribe

1. Busca hechos y opiniones que indiquen por qué las veredas para bicicletas son algo bueno. Escríbelos.

En bicicleta por las veredas

por Stewart Warren, reportero

PLAINFIELD—Al ir en carro a una reunión sobre el plan para construir una vereda para bicicletas en el parque del distrito, Kathy Felix y Michelle Bigger cayeron en la cuenta de que en bicicleta habrían llegado antes.

Camino al número 100 de la calle West Ottawa, lugar donde se encuentran las oficinas de administración del parque municipal de Plainfield, las dos vecinas, que residen en el sector de Indian Oaks, quedaron atascadas en un embotellamiento de tráfico.

—Si existiera otra manera de cruzar la Illinois 59, habríamos llegado aquí en 10 minutos —dijo Bigger.

Al igual que muchos otros vecinos del pueblo, Felix y Bigger quieren más lugares por los que se pueda andar en bicicleta.

—Llevamos a nuestros hijos de paseo en bicicleta constantemente —dijo Felix—. Hay tanto tráfico por algunas de las carreteras secundarias que nos da miedo.

Para satisfacer esta demanda, los delegados del parque del distrito quieren diseñar un sistema de veredas para bicicletas que recorra todo el municipio y al que todos tengan acceso: tanto los que usan la bicicleta como medio de transporte, como los que disfrutan paseándose en ella.

—Nuestro distrito ya llevó a cabo una serie de encuestas por todo el pueblo —dijo Greg Bott, director del distrito de parques—. Pasear en bicicleta fue la actividad recreativa con mayor demanda, y estamos tratando de responder a dicha demanda.

Aunque todavía no se han trazado las rutas, probablemente una de ellas recorrerá la orilla del río DuPage. De construirse, el trayecto enlazará Plainfield con Naperville, Joliet y Bolingbrook, según dijo John Vann, subdirector de parques y planificación.

OJO
A LO QUE VIENE

Lo que más quiero

En el siguiente cuento un niño sólo quiere una cosa. Lee y busca hechos y opiniones sobre aprender a leer.

Palabras nuevas

alfabeto	cabaña	aprender
esperanza	magia	periódico

Las palabras que se pronuncian igual, pero que tienen diferente significado y se escriben diferente, se llaman **homófonos.** Para saber qué significado se le está dando a una palabra busca pistas en la oración.

Lee el siguiente párrafo. Decide si *esperanza* significa "posibilidad de obtener lo que deseamos" o "nombre de mujer".

El buen comienzo

Crecí en una <u>cabaña</u>, en un pueblo de barrileros. Mi única <u>esperanza</u> de un futuro mejor era por medio de la educación. Decidí <u>aprender</u> el <u>alfabeto</u>. Día y noche practiqué el sonido de las letras y luego el significado de las palabras. Hasta que un día, como por arte de <u>magia</u>, pude leer el <u>periódico</u>.

Escribe

Escribe en tu diario sobre algo que te costó mucho trabajo aprender. Usa palabras del vocabulario.

Lo que más quiero

por Marie Bradby / ilustrado por Chris K. Soentpiet

Antes del amanecer, cuando todavía brillan las
estrellas, papá, mi hermano John y yo salimos de
nuestra cabaña y nos vamos al trabajo por el camino
que conduce a las afueras del pueblo.

El camino avanza entre el río Kanawha y la
montaña. La luz de una lámpara nos alumbra el
trayecto. Mi estómago se queja, ya que no comimos
nada para comenzar el día. Aunque no es comida lo
que más quiero, tampoco despreciaría un buen plato.

Lo que más quiero, más que cualquier otra cosa,
es aprender a leer.

Pero por ahora tengo que trabajar. Trabajamos de sol a sol llenando barriles de sal en las salinas.

Una montaña de sal se eleva más alta que la cabeza de papá, y aunque nos pasamos el día paleándola, nunca parece disminuir.

Paramos sólo para comer algo. Camotes y tortitas de maíz que papá trae en el bolsillo de su abrigo. Con la mirada perdida en la montaña blanca, devoro hasta la última migaja. La sal es dura y pesada.
Sus brillantes cristales blancos nos cortan las manos, los brazos, las piernas y las plantas de los pies.

Me duelen los brazos de tanto levantar la pala.
Pero no es el dolor lo que más me molesta, sino otro
tipo de hambre: el de la lectura. He visto a jóvenes
y viejos leer. Yo tengo nueve años y sé que si tuviera
la oportunidad, también aprendería a leer.

Creo que los libros guardan un secreto.

Con el frío del atardecer, sigo a papá y a John de
camino a casa, y me detengo para atrapar una rana.
La rana patalea y se me resbala, pero la aprieto
y la suelto cuando quiero.

El lugar en que vivimos ahora tiene un aire
distinto. Todo el mundo va adonde le parece y
hace lo que quiere. La idea de aprender con los
libros nada libre en mi cabeza y la retengo
todo el tiempo que quiera.

En el pueblo, los mineros de carbón,
los pescadores, los leñadores y los
barrileros se reúnen en una esquina.
Están agotados, igual que yo, pero
tienen mucho que contar.

Veo que un hombre lee el periódico en voz alta
y todas mis dudas desaparecen. He encontrado
la esperanza, y creo que es tan morena como yo.
Me siento como si yo fuera ese hombre. Veo
cómo mueve los ojos de un lado al otro del papel,

y es como si supiera lo que significan esas marcas
negras. Es como si *yo* mismo estuviera leyendo
y todo el mundo me estuviera escuchando a *mí*.
Y retengo esa idea en mis manos.

Voy a trabajar hasta que logre ser el mejor lector del país. Los niños se acercarán a mí y yo les enseñaré a leer a *ellos*.

Pero papá me pone la mano en el hombro y me dice: —Vámonos.

Y John me jala de la camisa. No ven lo que yo veo. Ellos no ven lo que puedo llegar a ser.

Nos apuramos para llegar a casa. —Mamá, tengo
que aprender a leer —le digo. Ella me toma
de la mano y siente que mi hambre de
saber late tan fuerte como los latidos
de mi corazón.

Es un libro pequeño, azul como el color de la noche. Mamá me lo da una noche, en un rincón de nuestra cabaña, sacándolo de entre la ropa que lava y plancha para ganar algún dinero.

No me dice dónde lo encontró. Ella tampoco sabe leer, pero sabe que es algo que se llama el alfabeto. Ella cree que es algo que se canta, o una cosa similar. Algo así como una canción en papel.

Después del trabajo, aunque todavía me duelen los hombros y tengo las piernas manchadas de sal, me pongo a estudiar el libro. Me fijo en las marcas y trato de imaginar su canción.

Dibujo las marcas en el piso y trato de imaginar los sonidos que hacen, la historia que cuentan juntos.

Pero a veces siento que trato de saltar sin piernas. Se me resbalan las ideas y no consigo lo que quiero. Imagino lo bien que me voy a sentir cuando aprenda esta magia y lo mucho que la gente me va a admirar.

No logro captar la melodía de lo que veo. De repente, el dolor de tanto palear sal se apodera de mí, y siento que mis sueños desaparecen.

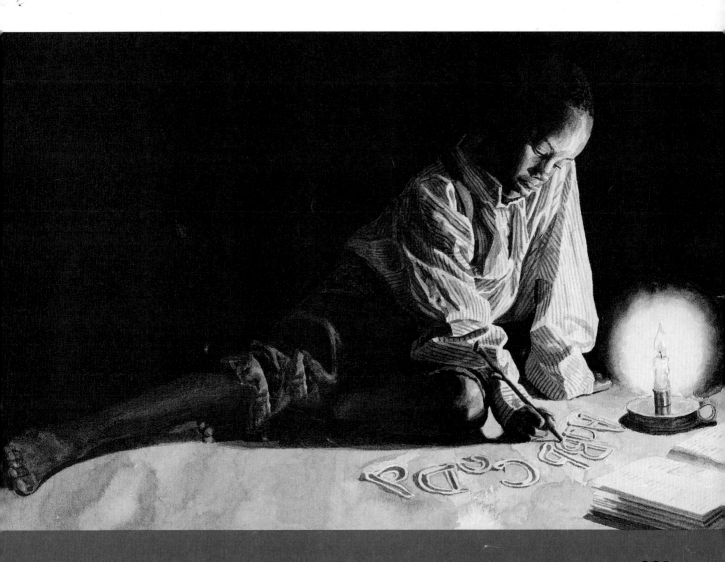

Tengo que encontrar al hombre del periódico.

Lo busco por todas partes.

Por fin encuentro esa cara morena de la esperanza.

Él me canta la melodía, el sonido que tienen las marcas.

Yo la canto y salto de alegría. Grito y río, como cuando me bautizaron en el arroyo. He saltado a otro mundo y estoy a salvo.

Pero necesito saber más.

—Cuénteme más cosas —le digo.

—¿Cómo te llamas? —me pregunta.

—Booker —le respondo.

Entonces dibuja el sonido de mi nombre en el piso.

Esa imagen perdura todavía en mi cabeza. Y sé que puedo retenerla para siempre.

Marie Bradby

Lo que más quiero es el primer libro para niños que escribió Marie Bradby. Esta escritora también ha sido periodista y ha escrito diversos artículos para la revista *National Geographic*. Actualmente vive en Louisville, Kentucky, con su familia.

Conozcamos al ilustrador

Chris K. Soentpiet

Chris K. Soentpiet vino de Corea a Estados Unidos cuando tenía ocho años. Antes de hacer las ilustraciones para el libro *Lo que más quiero,* visitó el Monumento Nacional a Booker T. Washington, en Hardy, Virginia. Estudió la vida de Booker T. Washington. Al crear las ilustraciones del joven Booker y su familia, el señor Soentpiet quería representar fielmente la realidad.

Coméntalo

¿Qué le dirías a Booker, el niño de nueve años, si te reunieras con él en una de las ilustraciones? ¿Cómo lo ayudarías?

Comprensión de lectura

1. ¿Por qué no aprendió Booker a leer en la escuela, como muchos niños de hoy en día?

2. ¿Cómo piensas que aprendió a leer el señor del periódico?

3. Al leer el cuento habrás notado que la familia de Booker es pobre. Busca detalles del cuento que apoyen esta conclusión.

4. ¿Cuál de estas oraciones es un **hecho**? ¿Cuál es una **opinión**?
   • Los libros guardan un secreto.
   • Para leer, se necesita conocer ciertos símbolos.

5. Escribe un **hecho** sobre el proceso de leer. Luego, escribe una **opinión**.

El Booker de la vida real

Aunque parte de este cuento es inventado, Booker sí existió. Busca en una enciclopedia a qué se dedicó Booker T. Washington de adulto. Explica lo que descubras a tus compañeros y compañeras.

César Chávez

por Arnold Bo Cheyney

Relacionar lecturas

Leer una biografía

✓ **Lee el título.** Puede que proporcione pistas acerca de la persona sobre la que vas a leer.

✓ **Lee los párrafos con cuidado.** Puede que el autor escriba sólo acerca de ciertas partes de la vida de una persona. Se dan detalles importantes pero no se dan todos los detalles interesantes de la vida de la persona.

Enfoca tu lectura

Esta corta biografía da información sobre César Chávez. Mientras lees, piensa en las similitudes entre Booker T. Washington y César Chávez.

César Chávez nació poco antes de la Gran Depresión (1929–1939) cerca de Yuma, Arizona. Vivió en una granja y su padre tenía una tienda. Muy pronto la vida se complicó. Durante la Depresión los bancos cerraron y muchas personas se quedaron sin trabajo. El padre de Chávez perdió la tienda porque los clientes no podían pagar las facturas. Cuando nació su hermana, su padre pagó con sandías la factura del médico.

La familia Chávez decidió mudarse a California cuando el padre se enteró de que había trabajo en la cosecha de frutas y vegetales. Pero aún así, no les alcanzaba para vivir.

En 1942 Chávez se graduó del octavo grado. Había asistido a treinta y siete escuelas diferentes debido a las constantes mudanzas de su familia en busca de trabajo.

En 1944 se alistó en la armada de Estados Unidos. Un día, estando de licencia en California, fue al cine vestido de uniforme. En el cine había un letrero que decía que los mexicanos y los filipinos debían sentarse en una sección reservada para ellos. Como era ciudadano estadounidense al servicio de su país, se sentó en la sección marcada "Sólo blancos". Inmediatamente lo arrestaron y lo metieron en la cárcel. Sin embargo, la policía no sabía de qué acusarlo, pues el único delito que había cometido era sentarse en el cine y mirar tranquilamente una película. Así que lo dejaron ir, pero Chávez conoció la cruel realidad de la discriminación.

Durante los años setenta y ochenta, Chávez organizó a los campesinos para que recibieran un salario justo y mejores condiciones laborales. En la década de los setenta, aún había niños menores de siete años trabajando hasta diez horas en los campos. En la década de los ochenta, los pesticidas que se usaban en los campos de vides no eran solamente dañinos para los consumidores, sino

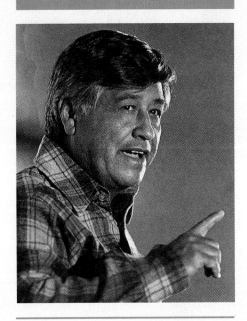

que lo eran aún más para los campesinos.

Para atraer la atención pública a la difícil situación de los campesinos, Chávez hacía huelga de hambre por muchos días. Otras veces participaba en manifestaciones y reuniones a las que asistía un gran número de personas. La publicidad hizo que se le prestara atención a las causas por las que él luchaba.

César Chavez murió en 1993. Se le recuerda como un hombre comprometido con las tácticas no violentas para obtener mejores condiciones laborales.

A partir de los años sesenta, César Chavez organizó huelgas y boicots de productos agrícolas que tuvieron un enorme impacto en las condiciones laborales de los campesinos.

Argumento

- El **argumento** de un cuento es lo más importante que ocurre al principio, al medio y al final.

- Busca los sucesos importantes del argumento. Éstos son los sucesos que mueven el cuento.

- Para recordar mejor los sucesos importantes, haz un mapa del cuento.

Lee "Chiefy se queda conmigo", por Jill Stover.

Escribe

1. Haz un mapa del cuento con una pareja. Escriban *principio* en la parte de arriba de una hoja, *medio* en el centro y *final* abajo.

2. Anoten los sucesos importantes de cada parte del cuento. Comenten su mapa en clase.

Chiefy se queda conmigo

por Jill Stover

Una niña decide ayudar al dueño de un carrito de helados cuidando de Chiefy, el poni que tira del carrito.

Una noche, Pete el heladero no vino. Estaba enfermo y tuvo que quedarse en el hospital unos días. Chiefy vino a quedarse conmigo. El patio de mi casa se convirtió en un auténtico rancho texano y yo me convertí en toda una vaquera texana.

Todas las mañanas trataba de montar a Chiefy para ir al hospital a ver a Pete el heladero. Y todas las mañanas Chiefy se negaba. Traté de engañarlo con unas zanahorias. Traté de sobornarlo con unas galletas y hasta con unos chiles picantes. Pero Chiefy era muy testarudo, y yo no sabía cómo convencerlo. No me hacía ningún caso.

Salí para intentarlo de nuevo. El patio de mi casa estaba vacío. Chiefy se había escapado. Al poco rato recibimos una llamada de la policía del condado. Chiefy se había metido en un buen lío.

En su gran escapada, Chiefy había seguido el recorrido al que estaba acostumbrado. Primero fue al Mumú para buscar a alguien que le diera algo de comer. Luego pasó por la tienda de alimentos para animales a recoger otra cosita. Finalmente paró en el cine Medialuna para comer un poco más. La película debió ser bastante entretenida, porque Chiefy decidió quedarse. Pero hizo mucho alboroto y el dueño del cine llamó a la policía.

Cuando lo arrestaron, Chiefy fue trotando tranquilamente por su recorrido habitual hasta la cárcel del pueblo, donde lo encerraron para que no se metiera en más líos.

OJO A LO QUE VIENE

El poni de Leah

En el siguiente cuento, Leah está muy orgullosa de su poni. Todo parece ir bien hasta que empiezan los problemas. Lee y descubre qué sucesos importantes ocurren al principio, al medio y al final del cuento.

Palabras nuevas

cabalgó	pastos	polvo
poni	quehaceres	
veloz	robusto	

Las palabras con significados similares, como *bello* y *hermoso*, se llaman **sinónimos.** Para averiguar el significado de una palabra, busca pistas a su alrededor. A veces la pista es un sinónimo.

Mira cómo *nubes* te ayuda a averiguar el significado de *polvo*.

Trabajo y diversión

Lucía ajustó la cincha alrededor de la barriga de su <u>poni</u> y <u>cabalgó</u> hacia los <u>pastos</u>. El <u>veloz</u> y <u>robusto</u> caballito levantaba nubes de <u>polvo</u> al galopar. Después de cabalgar, Lucía tenía que terminar sus <u>quehaceres</u>: deshierbar el jardín y recoger los huevos de las gallinas.

Escribe

¿Qué te gustaría hacer en una granja? Cuéntaselo a un amigo o amiga. Usa palabras del vocabulario.

El poni de Leah

escrito por Elizabeth Friedrich

ilustrado por Michael Garland

En el año en que los maizales crecieron altos, el
papá de Leah le compró un poni. El poni era fuerte,
veloz y robusto, y tenía una mancha blanca en la
punta de la nariz negra y suave. Papá le enseñó a
Leah a colocar la nueva silla de montar en el centro
del lomo del poni y a ajustarle bien la cincha
alrededor de la barriga.

Ese verano Leah y su poni recorrieron los
maizales bajo el cielo cubierto de nubes y
persiguieron el ganado por los pastos.

Leah acariciaba a su poni en ese lugar tan especial que quedaba debajo de la crin mientras lo cepillaba hasta que el pelaje brillaba como el satén.

A Leah le encantaba montar su poni hasta el pueblo, simplemente para escuchar a don B., el dueño de la tienda, exclamar desde la puerta:

—Ese poni es el más hermoso de todo el condado.

El año que el maíz no creció más que una pulgada, en casa de Leah casi no se oía ni una palabra. A veces, durante aquellas noches calurosas y secas, Leah escuchaba a papá y mamá hablar en voz baja en la cocina. Aunque no lograba entender lo que decían, sí reconocía el tono triste de la conversación.

Había días en que el viento soplaba con tanta fuerza que el polvo oscurecía el cielo. Leah ya no podía dejar el pelaje de su poni tan reluciente como antes. Mamá tampoco podía mantener la casa tan limpia. Y a papá le resultaba difícil llevarles las cubetas de agua a la cerda y sus lechones.

Muy pronto papá tuvo que vender los cerdos y hasta parte del ganado.

—Son tiempos difíciles —le dijo a Leah con una mirada confundida—. Difíciles, difíciles de verdad.

Mamá le hacía a Leah ropa interior con sacos
de harina. Regaba las flores casi marchitas con agua
sucia, pero pasara lo que pasara, los sábados Leah
siempre despertaba con el olor a café y buñuelos
recién hechos.

Pero un día caluroso, seco y polvoriento, los
saltamontes oscurecieron el cielo. Se comieron
todos los árboles y sólo dejaron ramas secas.

Al día siguiente los vecinos metieron todo lo
que tenían en su camioneta y pasaron a despedirse.

—Nos marchamos a Oregon —dijeron—. Seguro
que allá nos irá mejor que aquí.

Papá, mamá y Leah despidieron a sus vecinos,
que se alejaron en su camioneta llena de sillas,
colchones y alambres.

Los días de calor, polvo y sequía continuaron. Un día en que el sabor a tierra casi se sentía en el aire, papá dijo: —Tengo que decirte algo, Leah, y quiero que seas valiente. Pedí prestado al banco, compré unas semillas, pero se secaron y el viento se las llevó. No creció nada. No tengo ni una mazorca que vender. Y ahora no puedo pagarle al banco.

Respiró profundamente y continuó: —Van a subastarlo todo, Leah. Van a vender el ganado y los pollos y la camioneta.

Leah miró a su papá fijamente. Su voz se hizo más ronca y suave.

—Lo peor es que también piensan vender el tractor —dijo.

—Sin el tractor ya no podré sembrar más maíz.
Sin el tractor, quizás hasta tengamos que irnos de
la granja. Te dije que eran tiempos difíciles, Leah.

Leah sabía lo que era una subasta. Sabía que
la granja se llenaría de voces extrañas, de caras
impacientes. Sabía que iban a ofrecer dinero por
el mejor toro de papá, por el gallo premiado de
mamá y también por su ternero favorito.

Toda la semana Leah estuvo muy preocupada
y sin saber qué hacer. Una mañana vio cómo un
señor con un gran sombrero clavaba un rótulo
frente a la casa.

Leah quería salir corriendo. Cabalgó en su poni por los campos desiertos rayados con surcos secos. Pasó galopando por una casa cuyas ventanas tenían trapos en lugar de vidrios. Cabalgó aún más deprisa al pasar por la tienda de don B., que barría los escalones de la entrada.

Finalmente, a Leah se le ocurrió una idea. Dio media vuelta y cabalgó de regreso al pueblo.

Se detuvo frente a la tienda y le preguntó a don B.: —¿Quiere comprarme el poni?

Don B. dejó de barrer y la miró detenidamente.

—Pero, ¿por qué quieres venderlo? —le preguntó—. Es el mejor poni del condado.

Leah tragó saliva.

—He crecido tanto este verano que ya estoy muy grande para montarlo —dijo.

Leah caminaba sola a casa escuchando cómo la tierra quemada crujía bajo sus pies. Vecinos, amigos, desconocidos... todos estaban reunidos en torno al señor del sombrero grande.

—¿Cuánto dan por este carro? —gritó el señor—. Cinco dólares. Diez dólares. Vendido por quince dólares al señor de la camisa verde.

El mejor toro de papá.

Vendido.

El gallo premiado de mamá.

Vendido.

El ternero favorito de Leah.

Vendido.

Leah apretó el dinero con la mano.

—Ojalá que sea suficiente —murmuró para sí—. Tiene que ser suficiente.

—Aquí tenemos uno de los mejores artículos de la subasta —gritó el señor del sombrero grande—. ¿Quién comienza ofreciendo quinientos dólares por este tractor Farmall, magnífico y casi nuevo? Con él podrán arar, sembrar, abonar y hasta cultivar.

Llegó el momento esperado. Leah exclamó con voz temblorosa: —Un dólar.

El señor del sombrero grande se rió.

—Ésa es una de las ofertas más bajas que he oído en mi vida —dijo—. Vamos, que se oiga una oferta seria.

Nadie se movió. Nadie abrió la boca. Nadie parecía respirar.

—Damas y caballeros, ¡este tractor es una maravilla! Han hecho una oferta de sólo un dólar. ¡Un dólar por este tractor Farmall casi nuevo! ¿Hay otra oferta?

Nadie se movió. Nadie abrió la boca. Nadie parecía respirar.

—¡Esto es ridículo! —dijo el señor, rompiendo el silencio—. Vendido a la señorita por un dólar.

La gente aplaudió. Papá se quedó boquiabierto. Mamá empezó a llorar. Leah se acercó con orgullo al señor del sombrero grande y le dio un dólar.

—Esta señorita ha comprado un tractor magnífico por sólo un dólar —continuó—. ¿Cuánto me van a ofrecer por estos pollos tan hermosos?

—Le ofrezco diez centavos —dijo un granjero vecino.

—¡Diez centavos! Diez centavos es muy poco por todos esos pollos —dijo el señor con cara enojada.

Nadie se movió. Nadie abrió la boca. Nadie parecía respirar.

—¡Vendidos por diez centavos!

El granjero recogió la caja con los pollos y se acercó a mamá.

—Estos pollos son suyos, señora —dijo.

El señor se echó el sombrero hacia atrás.

—¿Cuánto dan por esta camioneta Ford? —preguntó.

—Veinticinco centavos —gritó otro vecino.

Nadie se movió. Nadie abrió la boca. Nadie parecía respirar.

—¡Vendida por veinticinco centavos!

El señor del sombrero movía la cabeza sin creer lo que pasaba.

—¡Esto no es una subasta de centavos! —gritó enojado.

El vecino pagó los veinticinco centavos y tomó las llaves de la camioneta.

—Creo que estas llaves le servirán para arrancar la camioneta —murmuró mientras dejaba caer las llaves en el bolsillo de la camisa de papá.

Leah vio a los vecinos ofrecer un centavo por un pollo, cinco centavos por una vaca y veinticinco centavos por un arado. Uno tras otro, los vecinos fueron devolviendo a mamá y papá todas sus cosas.

La gente se fue. El rótulo desapareció. Los pollos rascaban en sus jaulas y el ganado pedía su alimento. La granja estaba en silencio. En demasiado silencio. Al entrar al establo, Leah ya no oyó el relincho familiar que le daba la bienvenida. Entonces tragó saliva y se puso derecha.

Aquella noche silenciosa no se escucharon voces tristes en la cocina. Sólo Leah se quedó despierta en la cama, escuchando el tic-tac del reloj. Su corazón parecía latir al mismo ritmo, lento y triste, del reloj.

A la mañana siguiente Leah empujó la puerta del
estable para empezar sus quehaceres. Un relincho le
dio la bienvenida. Leah se abalanzó sobre aquel
cuello peludo tan familiar y lo cubrió de besos.

—¡Has vuelto! —dijo con lágrimas en los ojos—.
¿Cómo llegaste?

Entonces vio la nota, con su nombre escrito en letras grandes:

Querida Leah:

Éste es el poni más hermoso del condado. Pero soy demasiado grande para él y mi nieto todavía es muy pequeño.

A ti te queda mucho mejor.

Tu amigo,

Don B.

P.D. He oído cómo salvaste la granja de tu familia. Ya verás que estos tiempos difíciles pasarán. No hay mal que dure cien años.

Y tenía razón.

Conozcamos a la autora
Elizabeth Friedrich

Elizabeth Friedrich conoce muy bien la vida en una granja. Vive en Stratham, New Hampshire, con su esposo y sus dos hijos. Tienen una granja con seis ovejas y un caballo llamado Tuffy.

Coméntalo

Imagina que eres Leah y le cuentas a tus nietos sobre el poni que tuviste y los tiempos difíciles que pasaste.

Comprensión de lectura

1. ¿Por qué ofreció Leah sólo un dólar por el tractor?

2. Los "tiempos difíciles" son una parte importante del ambiente del cuento. ¿Qué detalles te hacen revivir esa época?

3. Leah hace algo muy valiente. ¿Cuál sería otro ejemplo de un acto valiente? Explica.

4. Escribe los tres sucesos más importantes del **argumento** que aparecen al principio, en medio y al final del cuento.

5. ¿Cuál de estos sucesos es más importante para el **argumento** de *El poni de Leah?* Explica por qué.

- Los vecinos empacan sus cosas y se van del lugar.
- Leah vende su poni.

¿Cuánto dan?

Con un grupo pequeño, representa la escena de la subasta. Amplía el diálogo si quieres y si va bien con el conjunto de la escena.

Caracola
por Federico García Lorca

Me han traído una caracola.

Dentro le canta
un mar de mapa.
Mi corazón
se llena de agua
con pececillos
de sombra y plata.

Me han traído una caracola.

Barcos

por Alberto Blanco

Un poema es un barco de madera
hecho con tus propias manos:
es frágil, es pequeño,
pero te puede llevar tan lejos
como quiera el viento.

Un poema es un barco de madera
para viajar poco a poco,
y llegar hasta una isla lejana
y quedarte a vivir en ella
para siempre.

Árbol de limón
por Jennifer Clement

Si te subes a un árbol de limón
siente la corteza
con tus rodillas y pies,
huele sus flores blancas,
talla las hojas
entre tus manos.
Recuerda,
el árbol es mayor que tú
y tal vez encuentres cuentos
entre sus ramas.

La luna, un plátano
por Jesús Carlos Soto Morfín

Un plátano se fue
de noche
en un avión

Desde entonces
se quedó pegado
en el cielo
y le llaman luna

253

La necesidad es la
madre de la invención.

niños

Imaginación@niños

¿Cuántos usos
tiene la
imaginación?

Pasos de un proceso

- Generalmente, seguir los **pasos de un proceso** significa hacer algo en cierto orden según una serie de pasos que muestran cómo hacerlo.

- A veces aparecen palabras, como *el siguiente paso* o *luego,* que sirven para seguir el orden de los pasos.

- A veces se dan los pasos tanto en dibujos como en palabras.

Lee "Cómo revelar un patrón", por Jude Welton.

En tus palabras

1. Cada paso numerado en "Cómo revelar un patrón" tiene más de una instrucción. ¿Por qué crees que la autora escribió los pasos de esta manera?

2. ¿Crees que sería más fácil dar una sola instrucción en cada paso? ¿Por qué?

Cómo revelar un patrón
por Jude Welton

Si miras a tu alrededor, verás patrones por todas partes: en objetos naturales (plumas, hojas, caracolas) y en objetos fabricados (telas, baldosas y alfombras). Y si te fijas bien, hasta tu propia piel tiene un patrón. A veces un patrón está formado de líneas solamente y a veces contiene formas de distintos colores. Además, cada objeto tiene también una textura propia que se puede ver y tocar. Piensa en cómo se combinan los patrones y las texturas en la superficie de los objetos y cómo puedes usar esas combinaciones en tus dibujos.

Busca una hoja con las nervaduras bien marcadas y cálcala en un papel.

1. Coloca el lado más liso de la hoja hacia abajo. Cubre la hoja con una hoja de papel y frótala firmemente con un creyón de cera. La silueta y el patrón de las nervaduras deberían verse claramente en el papel.

2. Con creyones de diferente color haz calcos de la hoja por todo el papel. Repasa las líneas con un lápiz de color para resaltar el patrón.

3. Si quieres, aplica una fina capa de acuarela con un pincel. El creyón de cera evitará que la acuarela se adhiera, de manera que el patrón completo de la hoja resaltará contra el fondo.

OJO A LO QUE VIENE

El piñatero

En el próximo cuento, tío Rico se gana la vida haciendo piñatas. Lee y mira los pasos que tío Rico sigue para convertir pedazos de papel en un hermoso cisne.

Palabras nuevas

cisne	diseñó	engrudo
cono	famosa	pescuezo

Muchas palabras tienen más de un significado. Para saber cuál se usa en la oración, busca pistas en las demás oraciones.

Lee el siguiente párrafo. Decide si *armar* significa "construir" o "equipar".

Una piñata con alas

Mi prima y yo estamos organizando una fiesta de cumpleaños. Mariela <u>diseñó</u> una piñata en forma de <u>cisne</u>. Esta tarde vamos a salir a comprar un <u>cono</u> de cartón para armar el <u>pescuezo</u>. Después hay que preparar el <u>engrudo</u> para pegar el papel que servirá de plumas. Creo que nos va a quedar muy linda. Mariela espera hacerse <u>famosa</u> con su creación.

En tus palabras

Descríbele a alguien la piñata que te gustaría tener en tu próximo cumpleaños. Usa palabras del vocabulario.

El piñatero

texto y fotografías

por George Ancona

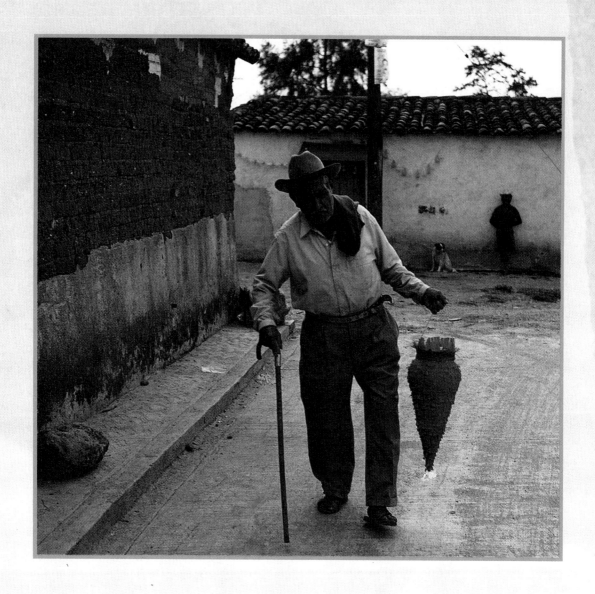

Don Ricardo tiene setenta y siete años de edad.
Comenzó a hacer piñatas hace quince años cuando
su antiguo negocio de sombreros de fieltro llegó
a ser demasiado difícil para él. "Fui a la escuela",
dice, "pero no aprendí mucho. Me gustaba ir
al río y jugar con mis amigos hasta que uno de
los padres nos encontraba y nos correteaba hasta
la escuela. Mi papá hacía sombreros, y yo dejé la
escuela para ayudarlo. Después de casarme,
empecé mi propio negocio de sombreros".

"Creo que trabajar todos esos años enfrente del fuego me causó el reumatismo", dice mientras camina por la casa con la ayuda de un bastón. "Me dio suficiente dinero para construir esta casa ladrillo por ladrillo, pero ahora se me hace difícil caminar".

Don Ricardo empieza el día haciendo engrudo en la cocina. Pone un poco de harina en una vieja ollita, añade suficiente agua para hacer una mezcla aguada y con las manos deshace los grumos. Coloca pedacitos de madera sobre las ascuas y sopla hasta que se enciendan las llamas. Entonces pone la olla sobre el fuego y revuelve la mezcla hasta que se espese. "El almidón es mejor que la harina", dice don Ricardo, "pero en el pueblo escasea y es muy caro".

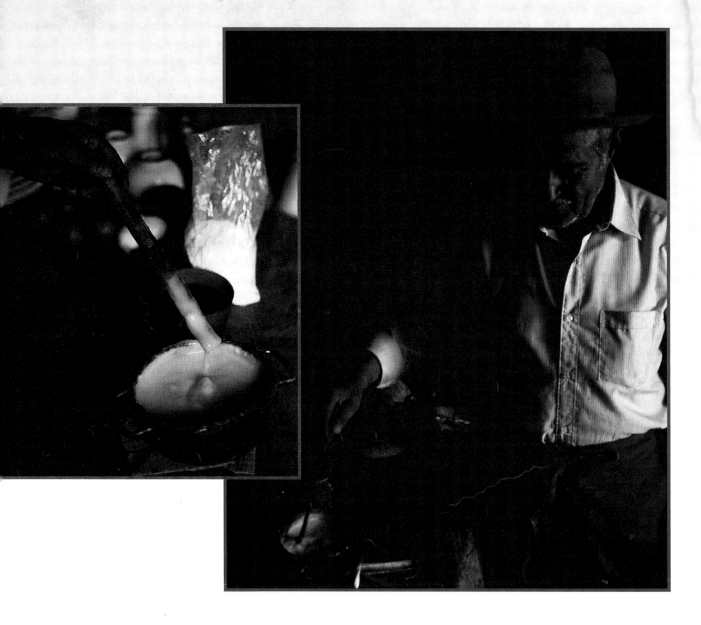

Hoy tío Rico está haciendo una piñata en forma de cisne. Empieza enrollando hojas secas de planta de banano para formar un rollo con un extremo abultado para la cabeza. Lo amarra y lo envuelve con papel grueso embarrado con engrudo. Forma una "S" para el pescuezo y lo pone al sol. Unas planchas antiguas le mantienen la forma hasta que se seque.

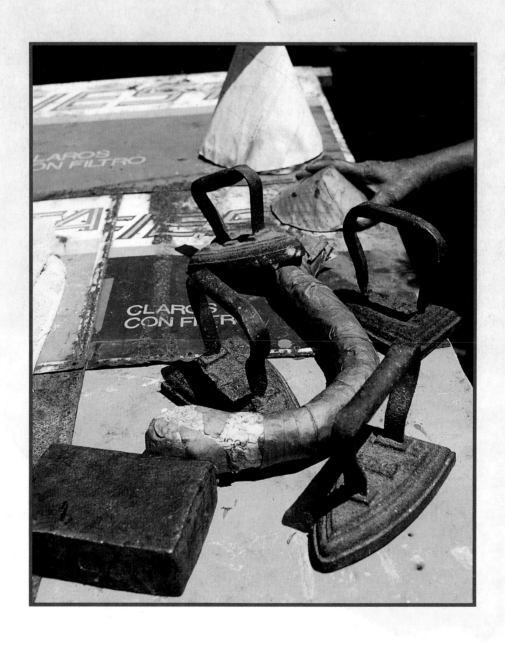

Después tío Rico cubre el pescuezo con papel claro para que no se vea el color por la capa final de plumas blancas de papel crepé. Entonces hace un cono poco profundo de cartón, lo corta en el centro y lo pega a la base del pescuezo.

Tío Rico enrolla otro pedazo de cartón en forma de cono grande. Dobla la punta para hacer la cola del cisne y la envuelve.

Usando un molde que diseñó, tío Rico calca la forma de las alas sobre el cartón y las recorta. También las cubre con papel.

Después corta dos triángulos de cartón y los dobla por la mitad para hacer el pico del cisne. Luego recorta las patas de modo que parezcan que están chapoteando, y también las cubre con papel.

Entonces tío Rico hace los ojos del cisne cortando dos círculos de las letras negras que tienen las bolsas de cemento. Pega un círculo a cada lado de la cabeza.

Tío Rico necesita unas ollas para las piñatas. Se pone el sombrero, toma su bastón y se va al mercado. Allí encuentra las dos ollas que necesita, una más grande que la otra.

En su casa, tío Rico amarra una cuerda resistente al cuello de la olla, dejando una parte suelta para formar una asa.

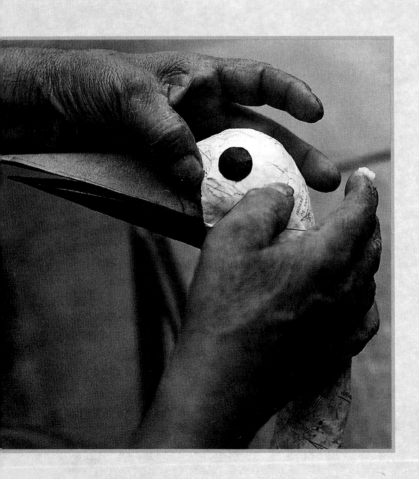

Para mantener la forma redonda del cisne, corta parte del cuello de la olla. Entonces pega papel de periódico a toda la olla y la cuerda.

Ahora se hacen las plumas. Usando una tijera de picos, tío Rico hace cortes en una tira doblada de papel crepé blanco y la pega a la cola.

Entonces pega el pescuezo y la cola al cuerpo.

Pinta el pico de amarillo y las patas de naranja.
Después de pegar las patas en el fondo de la olla,
tío Rico agrega más plumas al cuerpo y a las alas
del cisne.

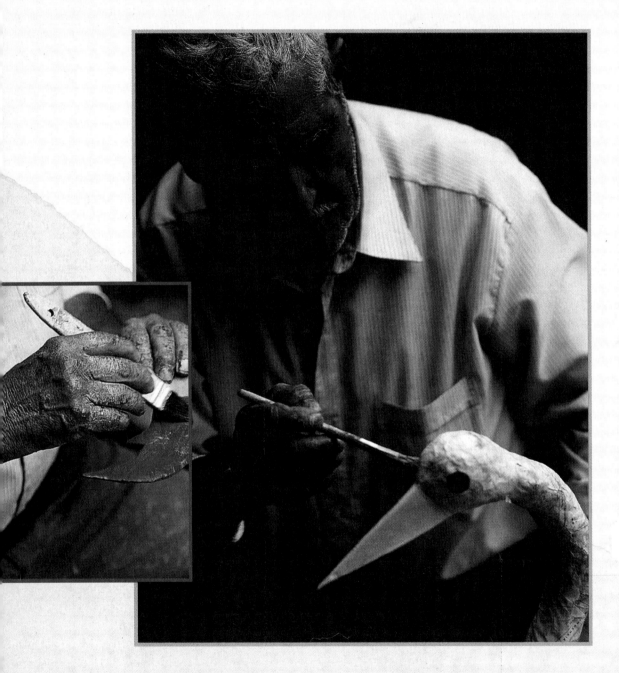

Cuando todo está seco, tío Rico usa un clavo
para hacer dos hoyitos en las alas y la olla.
Con una aguja grande e hilo fuerte, sujeta las
alas al cuerpo.

Tío Rico cubre el hilo amarrado con más plumas de papel crepé blanco y levanta el cisne para examinarlo. "Bueno", dice, satisfecho con su trabajo, "vamos a ver quién lo va a quebrar".

Otra piñata famosa de tío Rico está lista para una fiesta.

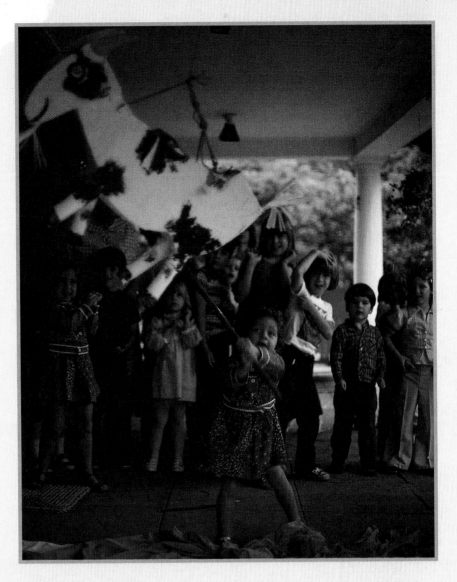

Conozcamos al autor y fotógrafo
George Ancona

Todos mis hijos, Lisa, Gina, Tomás, Isabel, Marina y Pablo, disfrutaron mucho rompiendo piñatas en sus fiestas. No había un mercado cerca donde comprar vasijas para hacer las piñatas, así que usábamos cajas de cartón. Les dábamos distintas formas y después las cubríamos de papel. También se usan globos inflados cubiertos de papel maché. Cuando el papel está seco, se pinta, y luego se hace un hoyo para llenar la piñata con caramelos y otros regalitos.

Reacción del lector

Ahora que sabes cómo hace don Ricardo una piñata en forma de cisne, explica cómo harías tú una piñata para una fiesta de cumpleaños. ¿Qué forma harías?

Comprensión de lectura

1. ¿Se siente don Ricardo orgulloso de su trabajo? ¿Cómo lo sabes?

2. ¿Qué es lo que más te sirve de ayuda para entender mejor cómo se hace una piñata: el texto o las fotografías? ¿Por qué?

3. Haz una tabla con dos columnas. Anota en una de ellas las herramientas y en la otra los materiales que usa don Ricardo para hacer sus piñatas.

4. ¿Cuál es el primer **paso del proceso** que sigue don Ricardo para hacer una piñata?

5. ¿Cuál es el siguiente **paso del proceso** después de que don Ricardo corta el cuello de la olla?

Feliz cumpleaños

Las piñatas son una tradición en las fiestas de cumpleaños de muchos niños y niñas hispanos. ¿Conoces algunas otras tradiciones para los cumpleaños? Organiza una fiesta que incluya esas tradiciones. Comparte tus ideas con tus compañeros y compañeras.

La colonización del Suroeste

de *Nuestras comunidades,* **Programa de estudios sociales para tercer grado, de Silver Burdett Ginn**

El suroeste español

Los españoles buscaban oro y plata en las Américas. En 1521, los soldados españoles conquistaron a los aztecas, que vivían en México. Los exploradores españoles avanzaron hacia el norte en los años 1500, porque querían más territorio para España. España pronto fundó colonias donde ahora están New Mexico, Texas, Florida y California.

Misiones y fuertes

Los pobladores, sacerdotes y soldados españoles llegaron de México a New Mexico en 1598. Hacia el año 1690, había una pequeña misión en Texas. En 1769, había una misión en California. Los soldados construyeron presidios para protegerse. Los sacerdotes enseñaron su religión a los indígenas americanos.

Esta misión está en el Parque Nacional San Antonio Missions en Texas.

273

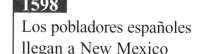

1521	1598
Los españoles conquistan a los aztecas	Los pobladores españoles llegan a New Mexico

1500   **1600**

Este cuadro muestra a los vaqueros trabajando en un rancho.

Los primeros ranchos

Algunos de los pobladores del suroeste español vivían en fincas o en pueblos. Muchos vivían en ranchos y criaban vacas, caballos y ovejas.

Los **vaqueros** eran los trabajadores que cuidaban estos animales. Más adelante, los *cowboys* del Oeste usaron muchas de las prendas de vestir y del equipo que usaban los vaqueros.

Los ranchos del suroeste español eran importantes. El ganado que se criaba proporcionaba alimentos, cuero y sebo, que es la grasa animal con que se hacían las velas y el jabón, a las misiones, aldeas y pueblos del área.

La cultura española

Si viajas por el Suroeste de Estados Unidos, puedes descubrir muchas maneras en que la cultura española forma parte de la cultura estadounidense.

Los nombres de muchos lugares, como Montana y Nevada, son nombres españoles.

También son españoles los nombres de algunos ríos de Texas, como el río Grande y el río Brazos.

vaquero **persona que cuida el ganado**

1690
Primera misión
española en Texas

1769
Primera misión
española en California

1700   **1800**

Los *cowboys* estadounidenses todavía enlazan y juntan el ganado como aprendieron a hacerlo de los vaqueros mexicanos. Algunas palabras, como *ranch* y *lasso,* también nacieron del español.

En el Suroeste también hay casas de estilo español. Muchas tienen paredes de **adobe**, que es un tipo de barro.

Los indígenas mexicanos enseñaron a los españoles a usar los tomates, el maíz y muchos tipos de frijoles. De éstos vinieron comidas de hoy en día, como las tortillas, los tacos y las enchiladas.

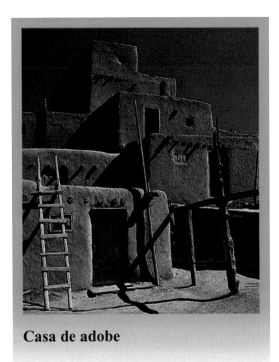

Casa de adobe

adobe **ladrillo de barro que se seca al sol**

Muestra lo que sabes

Otro vistazo

¿En qué partes del Suroeste norteamericano se asentaron estos europeos?

Piénsalo bien

Da un ejemplo de una contribución española a la cultura de Estados Unidos y explica su importancia.

Fíjate en tu comunidad

Consulta un mapa de tu comunidad y haz una lista de nombres de lugares. Investiga un poco para averiguar de qué idioma proceden algunos de los nombres de lugares.

Ambiente

- El **ambiente** es el tiempo y el lugar en que se desarrolla un cuento.

- Los autores no siempre indican cuándo y dónde se desarrolla un cuento. Para saber cuál es el ambiente de un cuento, busca claves en las ilustraciones y en el texto.

- A veces el ambiente influye en la manera en que un personaje actúa dentro de un cuento.

Lee "Un viaje en tren", por Patricia Beatty.

En tus palabras

1. ¿Cuándo crees que se desarrolla este cuento? ¿Por qué?

2. ¿Influye el ambiente en la manera de actuar del personaje principal? Explica.

Un viaje en tren

por Patricia Beatty

En cuanto anunciaron la salida del tren, pasamos ante la mirada de los ojos saltones del cobrador y buscamos nuestros asientos en el vagón.

—Bien, ya estamos en camino, niños —dijo mamá—. Duerman todo lo que puedan, así no estarán muy cansados cuando lleguemos a Spokane Falls. Jemmy: no te acerques a las puertas, ni a la estufa, ni a las lámparas de queroseno. Y obedece al cobrador.

Mientras mamá le daba instrucciones a Jemmy (que no tenía la más mínima intención de obedecer), recorrí el vagón con la mirada y suspiré. Era igual que todos los vagones que había visto. Tenía unos asientos duros e incómodos, tan resbaladizos como una colina helada, y cada vez que trataba de moverme un poco, casi me caía al piso. Había unas lámparas de queroseno colgadas del techo y una estufa de leña y carbón al otro lado del vagón. Me quité los guantes y el gorro, dejé la capa de viaje en el respaldo del asiento y me acomodé lo mejor que pude.

El tren seguía el recorrido del río Columbia y nosotros mirábamos por la ventana los grandes precipicios rocosos y las cascadas. Pero una vez que pasamos la ribera del río, ya no había nada que mirar. Viajamos durante horas y horas, y recorrimos millas y millas, sin ver más que praderas secas con unos cuantos arbustos resecos y dunas de arena. Al llegar a un polvoriento lugar llamado Wallula, cambiamos todos de tren y pasamos a otro más nuevo de la línea Northern Pacific. Mientras nos cambiaban el equipaje de tren mamá, Jemmy y yo cruzamos las vías junto con el resto de los pasajeros para tomarnos una taza de té en un pequeño y polvoriento restaurante.

OJO A LO QUE VIENE

El viaje de May

En el siguiente cuento, May quiere ir a visitar a su abuela, que vive en otra parte del estado. Lee y trata de averiguar cuándo y dónde se desarrolla el cuento.

Palabras nuevas

báscula	conductor	enviar
estación	etiqueta	paquetes

Muchas palabras tienen más de un significado. Para saber cuál se usa en la oración, busca pistas en las demás oraciones.

Lee el siguiente párrafo. Decide si *estación* significa "sitio donde hacen parada los vehículos de transporte" o "tiempo, temporada".

Regalos para todos

En diciembre nos gusta <u>enviar</u> regalos a toda la familia. Yo me encargo de poner en cada paquete la <u>etiqueta</u> con el nombre y la dirección. Cuando todo está listo, vamos a la <u>estación</u> para enviar los <u>paquetes</u>. Allí los ponen en una <u>báscula</u> para saber cuánto pesan. Al llegar al tren el <u>conductor</u> sonríe y saluda.

En tus palabras

Imagina que eres un paquete. Describe tu viaje de un lugar a otro. Usa palabras del vocabulario.

EL VIAJE DE MAY

MICHAEL O. TUNNELL

ILUSTRADO POR

TED RAND

Todo comenzó cuando mamá y papá me prometieron que podría quedarme una temporada con la abuelita Mary, que vivía a millones de millas, en las viejas montañas de Idaho. Pero cuando le pregunté a mamá si podía viajar ya, dijo que no moviendo la cabeza y suspiró profundamente. Entonces se lo pregunté a papá.

—No tenemos dinero —dijo papá—. El boleto de tren cuesta un dólar con cincuenta y cinco, May. Yo tengo que trabajar todo un día para ganar esa cantidad. Quizás el año que viene.

Pero yo no podía esperar un año entero. Así es que a la mañana siguiente, cuando mamá me puso el abrigo grueso de invierno para salir a jugar con la nieve, me fui derechita a la tienda del Sr. Alexander, que muy amablemente me saludó desde lo alto de una escalera.

—Busco trabajo —le dije—. Necesito dinero para un boleto de tren.

El Sr. Alexander sonrió y se bajó de la escalera.

—¿Trabajo, dices? Me encantaría poderte ofrecer trabajo, May, pero aquí todos los trabajos, como contar dinero o cargar cajas muy pesadas, son para los mayores.

Tuve que haber puesto una cara muy triste, porque el señor Alexander metió la mano en un frasco de caramelos y me regaló uno de menta. Pero ni su sabor que tanto me gustaba logró endulzarme los ánimos, y regresé a casa cabizbaja y arrastrando los pies.

Las cosas empeoraron cuando papá regresó del trabajo por la noche. Él y mamá comenzaron a hablar en voz baja y a mirarme de reojo.

Me mandaron a la cama muy temprano, lo cual no me causó mucha gracia.

A la mañana siguiente, mamá me despertó cuando aún estaba oscuro. Me sorprendió ver a papá junto a la puerta con la pequeña maleta lista. Así que le pregunté adónde iba. Mamá sonrió y me contestó: —Desayuna primero.

En ese momento llamaron a la puerta y papá abrió. Era Leonard, el primo de mamá.

—Ven conmigo, May —dijo papá agarrando la maleta, mientras mamá me ayudaba a ponerme el abrigo—. Nos vamos a la oficina de correos con Leonard —y me hizo un gesto con la mano cuando traté de hablar—. Ni una pregunta —dijo guiñándome el ojo.

Mamá me abrazó y me dio un beso. Papá me tomó de la mano y me sacó al oscuro viento del invierno.

Al poco rato ya estaba sintiendo los olores raros de la oficina de correos de Grangeville: a pegamento, bolsas de lona y pisos de madera encerados. Entretanto, papá se dirigió al jefe de oficina, el Sr. Perkins, y le dijo:
—Sam, ha cambiado el reglamento para enviar paquetes. Ya sé que ahora las cajas pueden llegar a pesar hasta cincuenta libras. Pero, ¿qué tipo de objetos se pueden enviar?

El Sr. Perkins miró a papá muy extrañado y le dijo:
—¿En qué estás pensando, John?

—En May —dijo Papá—. Nos gustaría enviarla por correo a Lewiston. Como bien sabes, Leonard es el encargado del vagón del correo. Cuidará bien de nuestro paquete.

—Con toda seguridad, Sam —respondió Leonard.

Yo miraba boquiabierta a papá, y el Sr. Perkins también.

—¿Enviar a May por correo? —murmuró poco convencido.

—Veamos. El reglamento prohibe enviar lagartos, insectos y objetos que huelan mal.

El Sr. Perkins me miró por encima de los anteojos y me olió: —Bueno, supongo que pasas la prueba del olor.

—Pero, ¿y niñas? —pregunté—. ¿Pueden enviarme a mí por correo?

—Verás, el reglamento no dice nada sobre niños, pero sí está permitido enviar pollitos —dijo el Sr. Perkins con una sonrisa—. Vamos a ver cuánto pesan tú y tu maleta.

Me subí a una báscula enorme, y papá dejó la maleta a mi lado.

—Cuarenta y ocho libras con ocho onzas. ¡El pollito más grande del mundo! —dijo el Sr. Perkins.

El Sr. Perkins consultó en una lista de precios que estaba junto a la báscula y se dirigió a papá: —Enviar por correo a May desde Grangeville hasta Lewiston te costará cincuenta y tres centavos. Bien, Leonard, parece que le tocará encargarse de algunas aves en este viaje.

En un abrir y cerrar de ojos, el Sr. Perkins me colocó cincuenta y tres centavos de estampillas en la parte de atrás del abrigo, junto con una etiqueta que decía:

Mrs. C. G. Vennigerholz
1156 Twelfth Ave
Lewiston, Idaho

ENTREGAR A

Papá me abrazó y me dijo que me portara bien con la abuelita Mary. Luego se fue, y ahí quedé yo, convertida en un paquete de correos. Un rato después, Leonard nos llevó a mí y al resto del correo en un carrito hasta la estación del tren. La locomotora, negra y monumental, nos esperaba resoplando y bufando como un toro. Al verla sentí un cosquilleo extraño por todo el cuerpo, porque nunca había viajado en tren.

—Hora de irnos, May —dijo Leonard después de cargar las bolsas con las cartas y otros paquetes. Luego me ayudó a subir por los escalones de acero.

A las siete en punto el tren salió de mi pueblo y se perdió entre las montañas. ¡Me sentí tan aventurera como Daniel Boone!

Por dentro, el vagón era como una oficina de correos en miniatura. Leonard comenzó enseguida a ordenar las cartas y paquetes que tenía que dejar en los pueblos por los que íbamos a pasar. Yo me acurruqué cerca del calor de la estufa, y lo observé.

Cada momento que Leonard tenía libre, me llevaba a la puerta a que echara un vistazo. ¡Qué vistas tan hermosas! Parecía que el tren colgaba de la ladera de las montañas y que se deslizaba por los túneles. Cruzamos valles profundos gracias a las vías elevadas que Leonard llamaba "rieles sobre zancos".

Después llegamos al cañón de Lapwai, donde las vías del ferrocarril serpentean por entre las montañas. Se me quitaron un poco las ganas de aventurar. De repente, me sentí mareada y comenzó a dolerme el estómago. Cuando estaba a punto de echar a correr para respirar un poco de aire puro, oí una voz enojada retumbar desde la puerta.

—Leonard —gritó el señor del uniforme—, más vale que esa niña tenga un boleto o dinero para comprarlo.

Era el señor Harry Morris, el conductor del tren. Me escondí detrás de Leonard mientras éste le explicaba que yo no era una pasajera, sino un paquete. Le mostró al Sr. Morris las estampillas que yo llevaba en la espalda, y el viejo conductor empezó a reírse a carcajadas.

—¡Ahora sí puedo decir que ya lo he visto todo! —exclamó el Sr. Morris secándose los ojos.

En fin, el mal humor del Sr. Morris me quitó el mareo y hasta me sentí mejor del estómago. Entonces me dio hambre. Leonard me dijo que íbamos a almorzar en casa de la abuelita Mary.

El tren paró en unos cuantos pueblos más, como Sweetwater y Joseph, antes de su parada final en la estación de Lewiston. Por ser el final del trayecto, Leonard tenía tiempo para servirme de cartero. Y cuando llegamos, nos dirigimos a casa de la abuelita Mary.

Al ver a mi abuelita, sentí inmediatamente un calorcito por dentro. Después de todo, mamá y papá cumplieron con su promesa. ¡Pero gracias a la ayuda del servicio nacional de correos!

293

Conozcamos al autor

Cuando Michael O. Tunnell estaba en la universidad visitó un salón de primaria. Mientras escuchaba al maestro leer un cuento a un grupo de estudiantes, se dio cuenta de que quería escribir libros para niños. El Sr. Tunnell pensó que escribiría cuentos fantásticos, pero la mayoría de sus cuentos están basados en sucesos reales. "La historia simplemente me fascina", dice. "Es importante mostrar que la historia cuenta los cuentos de cada uno de nosotros y no sólo de las personas famosas".

El Sr. Tunnell vive en Utah y enseña literatura infantil en la universidad. Él y su esposa Glenna tienen cuatro hijos y un nieto.

Conozcamos al ilustrador

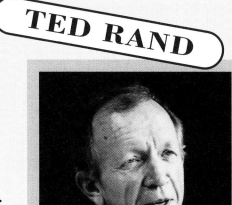

Ted Rand hace ilustraciones para libros con su esposa, Gloria Rand. También ilustró el libro *Knots on a Counting Rope* ("Nudos en una cuerda de contar"), escrito por Bill Martin Jr. y John Archambault.

Ted Rand ha vivido en el estado de Washington toda su vida, excepto los cuatro años que pasó en la marina.

Coméntalo

Imagina que entras en las ilustraciones de *El viaje de May*. Una vez dentro de cada ilustración, mira a tu alrededor. ¿Qué ves? ¿Qué escuchas? ¿Qué hueles? ¿Qué sientes?

Comprensión de lectura

1. Los sentimientos de May cambian durante el cuento. Nombra tres sentimientos de May y di por qué se siente así en cada ocasión.

2. El cuento ocurre hace mucho tiempo. El autor nos lo muestra dando descripciones vívidas de los lugares donde se desarrolla. Busca palabras o frases que describan cómo eran esos lugares.

3. *El viaje de May* y *El poni de Leah* son dos cuentos que hablan sobre tiempos difíciles. ¿Qué familia parece estar pasando por el momento más difícil? ¿Cómo lo sabes?

4. El **ambiente** de *El viaje de May* es el estado de Idaho en 1914. ¿Qué detalles del cuento y de las ilustraciones indican que el cuento ocurrió hace mucho tiempo?

5. ¿De qué manera sería diferente el cuento si su **ambiente** fuera hoy en día?

¡Ay, abuela!

Es 1914. Imagina que por fin has llegado a casa de la abuela Mary. ¿Qué le dirías sobre tu viaje en tren? ¿Cómo te comportarías? Con dos compañeros o compañeras, hagan una actuación de la escena turnándose los papeles de Leonard, la abuela Mary y May.

Visualizar

- **Visualizar** es crearse una imagen en la mente.

- Si usas todos los sentidos, entenderás mejor el cuento o el artículo que leas.

- Al leer, fíjate en los detalles del texto y en las cosas que ya sabes para lograr ver, oír, oler, saborear y sentir mejor todo lo que describe el autor o la autora.

Lee "El primer día en Londres", por Paula Danziger.

En tus palabras

1. ¿Qué dos detalles te sirven para visualizar a la tía Pam?

2. ¿Cómo visualizas a Amber? ¿Qué detalles del cuento y de tu propia experiencia te sirven para visualizarla?

El primer día
en Londres

por Paula Danziger

—¡Ascensor a la vista! —grito mientras entramos al ascensor.

Hay espejos dentro del ascensor.

La tía Pam se ve muy guapa. Lleva puesto un vestido corto de flores y un suéter muy lindo.

Lleva recogida su larga cabellera rubia en una larga trenza.

Y lleva maquillaje y un perfume que huele muy rico.

Lleva zapatos de paseo.

La tía Pam está lista para mostrarme Londres.

Yo me miro en el espejo.

Llevo puesta una camisa morada tan larga que apenas se ven los pantalones cortos que llevo debajo.

Voy con sandalias.

Llevo el pelo suelto sin arreglar.

Estaba demasiado cansada para hacerme una cola de caballo o cualquier otra cosa.

No sé si estoy lista para Londres.
Mientras salimos del edificio, oigo a
alguien que llama:

—Pam, me alegra verte de nuevo.

La tía Pam se voltea y sonríe.

—Amber, quiero presentarte a Mary.
Ella es la casera. Con los años nos
hemos hecho amigas.

—Bienvenida a Londres, Amber. ¿Es la
primera vez que visitas la ciudad?

Sonrío y digo que sí con la cabeza.

—Es el primer día de Amber y
vamos a ver Trafalgar Square —le dice
la tía Pam a Mary, mientras me toma la
mano y sube a la acera para pedir un
taxi. Aunque ya estoy muy grande para
que me tomen de la mano, yo también
tomo la suya.

—Amber, ¿recuerdas lo que te dije
sobre los carros de este país?

Estoy tan cansada… y los carros
manejan por el lado contrario de la
calle, tal y como me había dicho la
tía Pam.

OJO A LO QUE VIENE

Un domingo extraordinario

En el siguiente cuento,
Ramona y Bea tienen que
preparar la cena del
domingo. Lee y visualiza
cómo preparan la comida
familiar.

Palabras nuevas

arrojó	declaró	nevera
salsa	enrojecida	

Las palabras con significados similares, como *bello* y *hermoso*, se llaman **sinónimos**. Para averiguar el significado de una palabra, busca pistas en oraciones cercanas. La pista podría ser un sinónimo.

Mira cómo *feliz* te ayuda a averiguar el significado de *contenta*.

Gabi, la cocinera

Gabi quería hacer un postre de moras. Empezó a cocinar, pero pronto se dio cuenta de que no tenía moras. Furiosa, <u>arrojó</u> la receta al cajón. Tenía la cara <u>enrojecida</u> por el mal humor. De pronto se acordó que en la <u>nevera</u> había fresas. "Esto saldrá aun mejor con una rica <u>salsa</u> de fresas", <u>declaró</u> feliz. Todos la felicitaron por el rico postre, y Gabi se sintió muy contenta.

En tus palabras

Describe a tu clase un platillo que te gustaría preparar. Usa palabras del vocabulario.

Un domingo extraordinario

por Beverly Cleary

¡La vida es extraña! ¡Papá tenía que dibujar su pie para la clase de arte y mamá puso por error un huevo crudo en la lonchera de Ramona! Luego mamá preparó lengua de res para la cena del sábado, y tanto Bea como Ramona se quejaron. Ahora, como castigo, las niñas tenían que preparar la cena del domingo.

El domingo por la mañana, Ramona y Bea amanecieron dispuestas a portarse bien hasta la hora de la cena. Se levantaron sin que las llamaran, evitaron discutir sobre quién leería primero en el periódico el consejo de Querida Abby, felicitaron a su mamá por las tostadas a la francesa, y bien peinadas y sonriendo con valentía se fueron a la clase dominical de religión en medio de la llovizna.

Luego limpiaron su cuarto sin que nadie se lo pidiera. A la hora del almuerzo se comieron sus sándwiches sin ninguna queja, a pesar de que sabían que estaban hechos de lengua molida. La salsa de pepinillo no logró engañarlas, aunque disimulaba un poco el sabor de la lengua. Secaron los platos y evitaron cuidadosamente mirar hacia la nevera, para que mamá no recordara que eran ellas quienes tenían que preparar la cena.

El Sr. y la Sra. Quimby estaban de buen humor. De hecho, todos parecían tan forzadamente contentos que Ramona casi deseaba que alguien dijera algo inapropiado o desagradable. Temprano en la tarde la pregunta todavía flotaba en el aire: ¿de verdad tendrían que preparar la cena las niñas?

"¿Por qué nadie dice nada?", se preguntaba Ramona, cansada ya de portarse como una niña buena y de querer perdonar a su mamá por el huevo crudo del almuerzo.

—Bueno, a trabajar de nuevo en el pie —dijo el Sr. Quimby, mientras se acomodaba de nuevo en el sofá con un cuaderno de dibujo y un lápiz, y se sacaba el zapato y el calcetín.

Por fin dejó de llover. Ramona veía la acera secarse poco a poco y pensaba en los patines que estaban en el ropero. Se asomó al cuarto de Bea y encontró a su hermana leyendo. Ramona sabía que Bea quería telefonear a Mary Jane, pero había decidido esperar hasta que fuera Mary Jane quien la llamara a ella para preguntarle por qué no había ido a su casa. Pero Mary Jane no llamó y el día siguió interminable.

Cuando las manchas secas se ensancharon en el cemento frente a la casa de los Quimby y la humedad restante se quedó en las grietas de la acera, Ramona sacó los patines del ropero.

—Bueno, creo que voy a salir a patinar —le dijo a su padre, que estudiaba un dibujo de su pie, sosteniéndolo alejado con la mano.

—¿No se te olvida algo? —le preguntó.

—¿Qué cosa? —preguntó Ramona, sabiendo muy bien a qué se refería.

—La cena —respondió.

La pregunta que había flotado en el aire durante todo el día al fin tenía una respuesta. El asunto estaba decidido.

—De este lío no salimos —le dijo Bea a Ramona—. Ya podemos dejar de actuar como niñas buenas.

Las dos hermanas entraron en la cocina, cerraron la puerta y abrieron la nevera.

—Un paquete de muslos de pollo —dijo Bea con un gruñido—. Un paquete de guisantes congelados y dos envases de yogur: uno de sabor natural y otro de plátano. Seguramente el yogur estaba en oferta. Cerró la nevera y buscó un libro de cocina.

—Yo podría hacer tarjetas para indicar dónde tiene que sentarse cada uno —dijo Ramona, mientras Bea pasaba las hojas desesperadamente.

—Sí, pero no podemos comer tarjetas —dijo Bea—. Además, te toca hacer el pan de maíz porque fue idea tuya.

Ambas hablaban en susurros. No había necesidad de que sus padres, sus viejos y crueles padres, supieran lo que pasaba en la cocina.

En el fichero de recetas de su madre, Ramona encontró la ficha para el pan de maíz, escrita con la letra temblorosa de la abuela del Sr. Quimby, que a Ramona se le hizo difícil leer.

—No encuentro ninguna receta para hacer muslos de pollo —dijo Bea—. Sólo hay recetas para cocinar un pollo entero. Lo único que sé es que mamá hornea los muslos en una bandeja plana de vidrio con algún tipo de salsa.

—Una mezcla de crema de hongos con algunos condimentos —recordó Ramona de observar a su madre.

Bea abrió la despensa de los alimentos enlatados.

—No hay crema de hongos —dijo—. ¿Qué vamos a hacer?

—Pues le agregamos algún líquido —sugirió Ramona—. Si sabe horrible, ¡que les sirva de lección!

—¿Y por qué no preparamos algo que sepa horrible? —preguntó Bea—. Así sabrán lo que sentimos cuando nos obligan a comer lengua.

—¿Pero qué cosa sabe realmente horrible? —Ramona estaba dispuesta a seguir aquella sugerencia y unirse a Bea en contra del enemigo que, por ahora, eran sus padres.

Bea, siempre tan práctica, pensó mejor las cosas.

—Creo que el plan no funcionará. Nosotras también tendremos que comer lo que preparemos, y son tan malos que seguramente nos obligarán a fregar los platos. De todas maneras, se podría decir que nuestro honor está en juego, pues creen que no somos capaces de preparar una buena comida.

Ramona tenía otra solución a mano.

—Vamos a echarlo todo en un mismo plato.

Bea abrió el paquete de muslos de pollo y se quedó mirándolos con desagrado.

—No soporto tocar la carne cruda —dijo, mientras tomaba un muslo con la ayuda de dos tenedores.

—¿Tenemos que comernos el pellejo con todos esos granitos tan feos? —preguntó Ramona.

Bea encontró unas tenazas de cocina. Sosteniendo el muslo con un tenedor, trató de separar el pellejo jalándolo con las tenazas.

—A ver, yo lo sostengo —dijo Ramona, a quien no le daba ningún asco tocar cosas como gusanos o carne cruda. Agarró firmemente el muslo mientras Bea atrapaba el pellejo entre las tenazas. Ambas jalaron al mismo tiempo y el pellejo se desprendió del muslo. Jugaron al tira y afloja con cada uno de los muslos, dejando un triste montón de pieles sobre el mostrador de la cocina y una capa de muslos dentro de la bandeja de vidrio.

—¿Te acuerdas de los condimentos que usa mamá? —preguntó Bea. Pero Ramona no se acordaba. Las niñas miraron los condimentos, destaparon frascos y los olieron. ¿Nuez moscada? No. ¿Clavos? Horrible. ¿Canela?

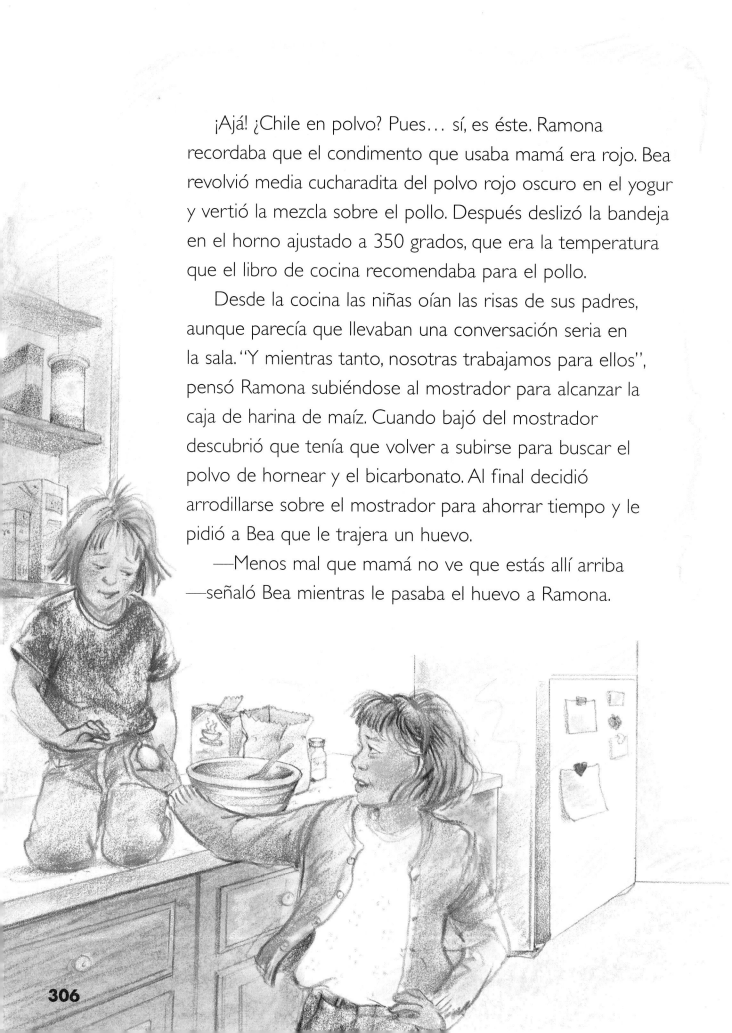

¡Ajá! ¿Chile en polvo? Pues... sí, es éste. Ramona recordaba que el condimento que usaba mamá era rojo. Bea revolvió media cucharadita del polvo rojo oscuro en el yogur y vertió la mezcla sobre el pollo. Después deslizó la bandeja en el horno ajustado a 350 grados, que era la temperatura que el libro de cocina recomendaba para el pollo.

Desde la cocina las niñas oían las risas de sus padres, aunque parecía que llevaban una conversación seria en la sala. "Y mientras tanto, nosotras trabajamos para ellos", pensó Ramona subiéndose al mostrador para alcanzar la caja de harina de maíz. Cuando bajó del mostrador descubrió que tenía que volver a subirse para buscar el polvo de hornear y el bicarbonato. Al final decidió arrodillarse sobre el mostrador para ahorrar tiempo y le pidió a Bea que le trajera un huevo.

—Menos mal que mamá no ve que estás allí arriba —señaló Bea mientras le pasaba el huevo a Ramona.

—¿De qué otra manera podría alcanzar las cosas?

Ramona quebró exitosamente el huevo y dejó la cáscara sobre el mostrador.

—Ahora necesito leche agria.

Bea le dio la mala noticia: no había leche agria en la nevera.

—¿Y qué hago? —susurró Ramona con pánico.

—Toma, usa esto.

Bea le pasó el envase de yogur de plátano a su hermana.

—El yogur es un poco ácido, así que tal vez funcione.

La puerta de la cocina se entreabrió.

—¿A ver qué pasa por aquí? —preguntó el Sr. Quimby.

Bea se arrojó contra la puerta.

—¡No entres! —ordenó—. La cena va a ser una… ¡sorpresa!

Por un instante Ramona pensó que Bea iba a decir que la cena sería un desastre. Ramona mezcló el huevo y el yogur. Después midió la cantidad de harina de maíz, derramando un poco en el piso y descubriendo que no tenía suficiente. Sintió que el pánico la invadía de nuevo.

—Mi maestra de cocina dice que uno siempre debe asegurarse de que tiene todos los ingredientes antes de empezar a cocinar —dijo Bea.

—Cállate, Bea, por favor.

Ramona buscó un paquete de farina, porque sus granos eran tan gruesos como los de la harina de maíz, y esta vez sólo derramó un poco en el piso.

Faltaba algo para comer con la salsa cuando se sirviera el pollo. ¡Arroz! Mientras Bea medía el arroz y hervía el agua según las instrucciones del paquete, la farina crujía bajo sus pies.

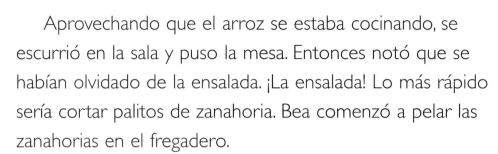

Aprovechando que el arroz se estaba cocinando, se escurrió en la sala y puso la mesa. Entonces notó que se habían olvidado de la ensalada. ¡La ensalada! Lo más rápido sería cortar palitos de zanahoria. Bea comenzó a pelar las zanahorias en el fregadero.

—¡Ay! —gritó Ramona desde el mostrador—. ¡El arroz!

La tapa de la olla estaba dando saltitos. Bea sacó una olla más grande de la alacena y puso en ella el arroz.

—¿Necesitan ayuda? —preguntó la Sra. Quimby desde la sala.

—¡No! —contestaron sus hijas.

Otra calamidad. El pan de maíz se debía hornear a 400 grados, una temperatura más alta que la que necesitaba el pollo. ¿Qué iba a hacer Ramona?

—Mételo en el horno de todas maneras.

La cara de Bea estaba enrojecida.

Y al horno se fue el pan de maíz junto al pollo.

—¡El postre! —susurró Bea.

Lo único que pudo encontrar fue una lata de aburridas peras en almíbar. De vuelta al libro de cocina.

—Calentar en un poco de mantequilla y servir cada media pera con jalea —leyó Bea. ¿Jalea? Tendría que usar medio frasco de mermelada de albaricoque. Dentro de la olla fueron las peras y la mantequilla. ¡Qué importaba que se derramara también el almíbar!

—¡Bea! —exclamó Ramona sosteniendo los guisantes.

Bea gruñó y sacó el pollo parcialmente cocido del horno. Después mezcló los guisantes medio congelados en el yogur y volvió a poner la bandeja en el horno.

¡El arroz! Se habían olvidado del arroz, que ya comenzaba a pegarse a la olla. ¡Rápido! Hay que retirarlo del fuego. ¿Cómo hacía mamá para cocinar todo en el tiempo preciso? Pon los palitos de zanahoria en un plato. Sirve la leche.

—¡Velas! —susurró Bea—. La cena tendrá un mejor aspecto si ponemos velas.

Ramona encontró dos candelabros y dos velas desigualmente gastadas. Una de la velas había sido usada la Noche de Brujas dentro de una calabaza. Bea frotó el fósforo para encenderlas, pues aunque Ramona era valiente para tocar carne cruda, no le hacía ninguna gracia encender fósforos.

¿Estaría listo el pollo? Las niñas examinaron ansiosamente el plato principal: la salsa burbujeaba y se había dorado en los bordes. Bea pinchó uno de los muslos con un tenedor y, al ver que no salía sangre, decidió que ya debía estar listo. Un palillo hundido en el pan de maíz salió limpio. Por lo visto, también estaba listo, algo aplanado, pero listo.

Crac, crac, crac, crujía el piso de la cocina bajo las
pisadas de las niñas. Era increíble que un poquitín de farina
derramada hiciera que todo el piso de la cocina se sintiera
arenoso. Por fin sirvieron la cena: apagaron las luces de
la sala y anunciaron la cena. Las cocineras, tensas por la
ansiedad disimulada bajo la luz de las velas, se desplomaron
en sus sillas, mientras sus padres se sentaban en las suyas.
¿Se podría comer aquella cena?

—¡Velas! —exclamó la señora Quimby—. ¡Qué cena
tan especial!

—Será mejor que la probemos antes de decidir —dijo
el Sr. Quimby, mostrando su sonrisa más maliciosa.

Las niñas observaron ansiosas mientras su padre tomaba el primer bocado de pollo. Masticó cuidadosamente y después exclamó con más sorpresa de la necesaria:

—¡Qué rico está esto!

—De veras que sí —opinó también la señora Quimby y probó el pan de maíz—. Muy bien, Ramona —agregó.

El Sr. Quimby probó el pan de maíz.

—Tal y como la abuela lo preparaba —declaró.

Las niñas intercambiaron una sonrisa hasta entonces reprimida. No podían sentir el sabor del yogur de plátano y, bajo la luz de las velas, nadie podía darse cuenta de que el pan estaba un poco pálido. A Ramona le pareció que el pollo no estaba tan bueno como sus padres creían (o aparentaban creer), pero al menos podía comerse sin dificultades.

Todos se sintieron más relajados. La Sra. Quimby dijo que el chile en polvo le daba al pollo un toque más interesante que la paprika y preguntó a las niñas qué receta habían usado.

—Nuestra propia receta —respondió Ramona, intercambiando otra mirada con Bea. ¡Paprika! Así que ése era el condimento que deberían haber usado en la salsa del pollo.

—Quisimos ser creativas —agregó Bea.

La conversación fue mucho más agradable que la noche anterior. El Sr. Quimby dijo que estaba finalmente satisfecho con su dibujo, que parecía un pie de verdad. Bea dijo que en su clase de cocina estaban estudiando los grupos alimenticios que todos deberían comer diariamente. Ramona dijo que un niño de la escuela la llamaba Sabelotodo, y el Sr. Quimby le explicó que ésa era una manera de llamar a las personas muy inteligentes.

Ramona se empezó a sentir mejor.

La cena había sido un éxito. Aunque el pollo no sabía tan bien como las niñas habían esperado y el pan de maíz no se había levantado como el de mamá, ambas cosas se podían comer. Bea y Ramona estaban silenciosamente agradecidas con sus padres por haber disfrutado (o aparentar que habían disfrutado) lo que ellas habían cocinado. Toda la familia estaba contenta. Al terminar de comerse las peras con mermelada de albaricoque, Ramona le sonrió tímidamente a su madre.

La señora Quimby sonrió también y le acarició la mano. Ramona se sintió liberada: sin decir una palabra, había

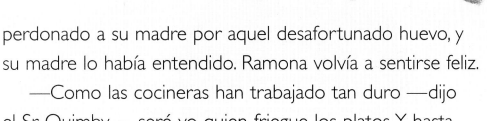

perdonado a su madre por aquel desafortunado huevo, y su madre lo había entendido. Ramona volvía a sentirse feliz.

—Como las cocineras han trabajado tan duro —dijo el Sr. Quimby—, seré yo quien friegue los platos. Y hasta limpiaré la mesa.

—Yo te ayudo —se ofreció la Sra. Quimby.

Las niñas intercambiaron secretamente otra sonrisa y pidieron permiso para levantarse. Luego se fueron rápidamente a sus cuartos, antes de que sus padres descubrieran el montón de pellejos de pollo y la cáscara de huevo en el mostrador; la cáscara de zanahoria en el fregadero, y la harina, la farina y el almíbar en el piso.

Beverly Cleary

Cuando Beverly Cleary estaba en tercer grado tenía muchas preguntas sobre los libros que leía: ¿Por qué la gente no escribe libros sobre el tipo de niños y niñas que viven en mi cuadra? ¿Por qué no pasa algo en cada página? ¿Por qué los cuentos no son divertidos?

La Srta. Cleary decidió escribir cuentos sobre niños y niñas comunes y corrientes que hacen cosas divertidas y graciosas. De esta manera, los demás niños y niñas tendrían el tipo de libros que ella siempre quiso leer.

Beverly Cleary ha escrito docenas de libros y ha recibido muchos premios por sus libros sobre Ramona, Henry Huggins y otros personajes divertidos y maravillosos de la vida real.

Coméntalo

¿Alguna vez has pasado un rato desesperante pero divertido preparando una comida, como les ocurre a Ramona y Bea? Cuenta tu experiencia.

Comprensión de lectura

1. ¿Los Quimby son una familia feliz o infeliz? Busca ejemplos que apoyen tu respuesta.

2. ¿Crees que Bea y Ramona preparan bien la cena? ¿Por qué?

3. ¿Qué crees que harán mamá y papá cuando vean el desastre en la cocina? ¿Por qué piensas así?

4. Usa todos los sentidos para **visualizar** la mesa del comedor en el momento en que la familia Quimby se sienta a comer. ¿Qué detalles te sirven de ayuda?

5. Piensa en el desastre en la cocina. ¿Qué sentidos te sirven para **visualizar** la escena? Describe la cocina.

¡Arriba el telón!

Trabaja con dos compañeros o compañeras para buscar algunas escenas de acción de Ramona y Bea en la cocina. Luego, mientras un compañero o compañera lee la escena, los otros dos imitan lo que hacen las niñas. Haz que las acciones sean lo más reales y desesperantes posible.

Argumento

- El **argumento** nos da los sucesos más importantes que ocurren al principio, al medio y al final de un cuento, y cómo ocurren esos sucesos.

- Los sucesos importantes del argumento desarrollan el cuento.

Lee un pasaje de *Salven mi selva*, por Monica Zak.

Escribe

1. Lee el principio del pasaje y escribe dos sucesos importantes que ocurran.

2. Escribe dos sucesos importantes que ocurran al medio del pasaje. Intercámbialos con un compañero o compañera.

Salven mi selva

por Monica Zak

Un niño está decidido a salvar la Selva Lacandona, que está al sur de México. Después de discutir con su padre, el niño decide caminar hasta la selva.

—Voy a la Selva Lacandona.

En cuanto el padre despierta bien y puede darse cuenta de que su hijo habla en serio, dice: —Por favor, no puedes hacerlo. No encontrarás el camino.

—Preguntaré entonces —dice Omar muy tranquilo.

—Puede ser muy peligroso —añade el padre. Tendrás que atravesar enormes ríos llenos de cocodrilos.

—No me importa. Me voy.

—Y, ¿sabes a qué distancia queda? Está a 1,400 kilómetros de aquí.

—No me importa. Me voy.

El padre de Omar habla y habla, tratando de hacer que Omar cambie de opinión, pero no lo logra. Omar va a ir a la selva. Finalmente, su padre dice suspirando: —Entonces, te acompañaré.

Desde ese día y durante las siguientes semanas, el padre de Omar tiene que trabajar más para fabricar y vender muchos cuadros. Con el dinero que gana poco a poco, compra una mochila, dos cuchillos, una tienda de campaña roja, una cantimplora, un cobertor, varios pares de zapatos, un hacha, un tarro vacío y un trozo de chapopote para hacer una lámpara de petróleo, sardinas en lata, chocolate, medicamentos y vendas. La madre de Omar confecciona una bandera; en un lado tiene un árbol dibujado y en el otro dice: "Protejamos la selva".

Una mañana, muy temprano, Omar y su padre salen de casa y atraviesan la gigantesca ciudad. El padre lleva la mochila a la espalda y Omar lleva la bandera. El niño va sonriente, está cantando; por fin van en camino.

OJO A LO QUE VIENE

El aullido de los monos

En el próximo cuento, una mujer joven decide sembrar su propio bosque. Lee y observa cómo los sucesos importantes del argumento cambian una zona de la selva.

Palabras nuevas

labor	monos	valle
sonido	silencioso	

Las palabras con significados contrarios, como *frío* y *caliente*, se llaman **antónimos**. Para averiguar el significado de una palabra, busca pistas en oraciones cercanas. La pista podría ser un antónimo.

Mira cómo *ruidosos* te ayuda a averiguar el significado de *silencioso*.

La desaparición de los monos

Siempre recuerdo los paseos al <u>valle</u> del río Frío. El río era tan estrecho que los árboles inmensos formaban un techo, y los <u>monos</u> se cruzaban de un lado a otro. Los monos eran muy ruidosos cuando jugaban. Un día vinieron los taladores a hacer su <u>labor</u>. No dejaron ni un árbol. Ahora el río está <u>silencioso</u>, no se oye un <u>sonido</u> animal. ¿Adónde se fueron los monos?

Escribe

Sugiere una cosa que puedes hacer para proteger el ambiente. Usa palabras del vocabulario.

El aullido de los monos

por Kristine L. Franklin
ilustrado por Robert Roth

Cuando doña Marta era muy pequeña, el valle era un lugar tranquilo. Los niños reían mientras se perseguían unos a otros entre las altas hileras del maíz. Los papás silbaban mientras trabajaban en las huertas, y las mamás canturreaban suavemente mientras envolvían los frijoles negros y la masa de maíz en hojas de plátano para cocerlos.

Había un camino viejo que atravesaba el valle, pero era un camino de carreta de buey—un lugar abierto para encontrarse con los amigos o con los primos, un lugar agradable para caminar, un lugar asoleado para cazar lagartijas. No había ni un solo carro en ese entonces. El valle era un lugar tranquilo, salvo cuando gritaban los monos.

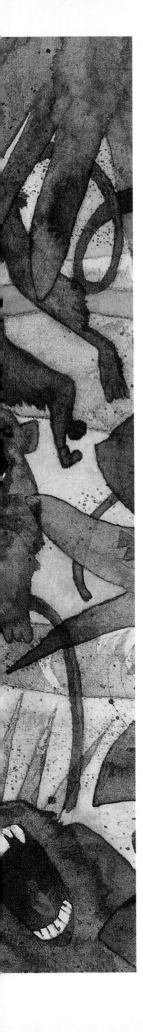

Cada mañana y cada tarde, desde tiempos inmemoriales, los monos anunciaban el inicio del día y la llegada de la noche. Al amanecer aullaban y clamaban entre sí, y la bulla que armaban era tal que parecía que hubiera truenos retumbando entre los árboles. Al atardecer, vociferaban y chillaban, y cada hoja de árbol y cada brizna de hierba temblaba del ruido.

Un día subió un auto traqueteando y chisporroteando por el camino viejo. Después llegaron más, aunque al principio no eran muchos, ya que el camino era de carreta de buey y no de automóvil. Marta les tenía miedo a los carros. El sonido y el olor la hacían esconderse detrás de las faldas de su madre. Más y más carros llegaron, y también camiones y más ruido. Pronto ya no se podía caminar con tranquilidad por el medio del camino, ni detenerse allí a charlar, o a perseguir a las rápidas lagartijas.

De todos modos, los monos seguían gritando desde la arboleda, ahogando todos esos ruidos nuevos por algunos minutos cada día, llamándose unos a otros tal como lo habían hecho siempre, despertando al mundo entero por las mañanas y llamando a los trabajadores para que dejaran los campos por las tardes.

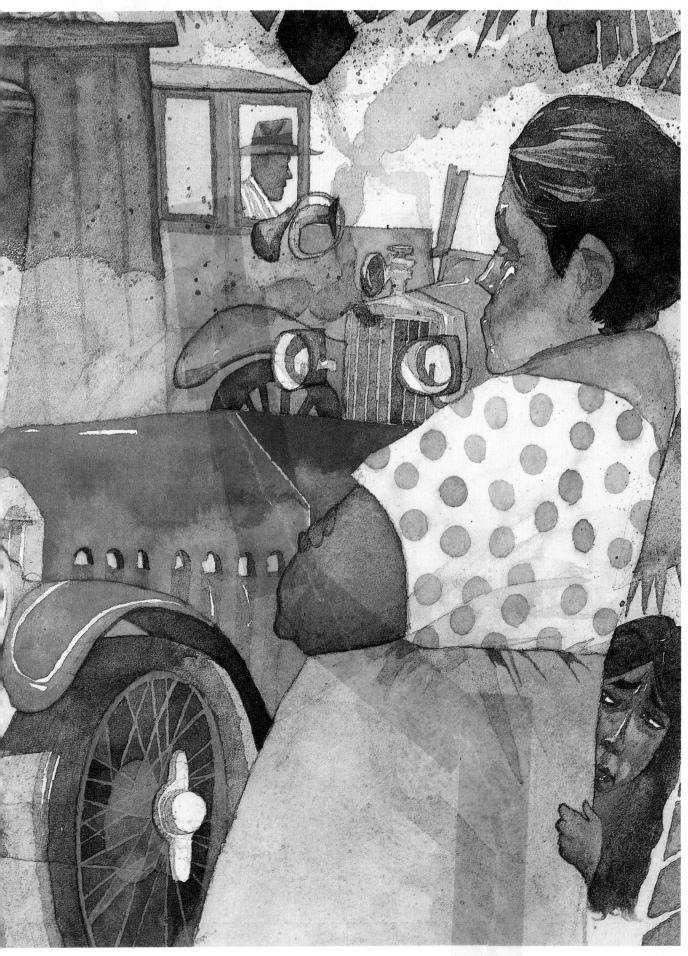

Las lluvias vinieron y se fueron, y a Marta le empezó a quedar demasiado corto el vestido. Un día, unos hombres de la ciudad llegaron a la casa de Marta. Le ofrecieron a su padre mucho dinero, lo suficiente como para comprar seis vacas y además un vestido nuevo para Marta. A cambio querían cortar algunos árboles de la ladera de la montaña. El padre de Marta estuvo de acuerdo, y desde ese día, el bosque comenzó a desaparecer.

Al principio fueron apenas algunos árboles. Los taladores cortaban sólo los árboles más grandes, los que estaban llenos de lianas colgantes. A los monos parecía no importarles demasiado. Aullaban y gritaban y alardeaban igual que antes. Pero cinco años más tarde, cuando sólo quedaban veinticuatro árboles en todo el bosque, los monos se fueron.

Marta no sabía dónde se habían ido los monos. Una noche, justo cuando el sol desaparecía detrás del monte, los monos chillaron y ulularon y se lamentaron con más fuerza que nunca. Algunos dijeron que era a causa de la luna llena. Otros dijeron que las lluvias estaban por llegar. Pero a la mañana siguiente, el valle estaba silencioso como una tumba.

Durante los próximos años terminaron de talar los últimos árboles. Todo lo que antes había sido bosque ahora estaba cubierto de tocones y maleza. Quedaban unos cuantos pájaros, pero ningún mono.

La mayoría de la gente se olvidó de los monos. Tenían gallos que los despertaban por las mañanas, y lámparas con las cuales podían seguir trabajando después del anochecer. Pero Marta no se olvidó.

328

329

Cuando tenía quince años, Marta se casó con Emilio.
Emilio trabajaba para el padre de Marta y cuando murió
el padre, les dejó la granja a Marta y Emilio.

—Tú tienes muchas tierras ahora —le dijo un día
Marta a Emilio—. Me gustaría tener una parte para mí.
Emilio se rió mucho porque en esa época las mujeres
no eran dueñas de tierras.

—Pronto tendremos una familia a quien alimentar
—le dijo Emilio—. Después que siembre maíz, frijoles
y calabazas, no sobrarán tierras que darte. El resto de
las tierras es para las vacas.

—¿Y qué de la tierra que queda en la ladera de la
montaña? —preguntó Marta—. Allí hay demasiados
tocones para sembrar, y es demasiado empinado para
que las vacas puedan pastar.

—Es verdad —dijo Emilio. Y aunque no se
acostumbraba a hacerlo, le dio a Marta la tierra de la
ladera de la montaña.

—¿Qué harás con tu tierra? —le preguntó Emilio.

—Voy a hacer que regrese el bosque —dijo Marta,
y eso mismo fue lo que hizo.

Marta sembró árboles desde el pie de la montaña
hasta lo más alto. Cuando el sol quemaba la tierra en la
época de sequía, le llevaba baldes de agua a los retoños.
Cuando las lluvias fuertes arrasaban con los arbolitos,
ella cuidadosamente los volvía a plantar.

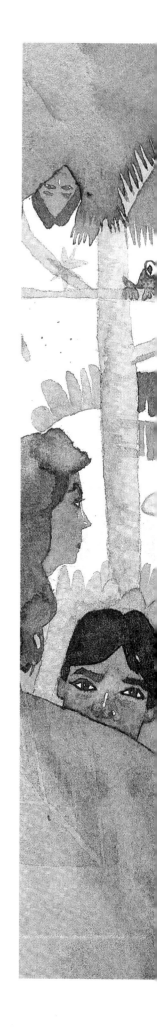

Año tras año, Marta cuidó de los árboles. En los quince años que siguieron, dio a luz a once hijos e hijas. Cada uno de ellos aprendió a sembrar y a cuidar árboles. Año tras año, los niños de Marta crecían, y los árboles también.

—El café crece bien en la montaña —le decía en broma Emilio—. Quizá podrías sembrar café en tus tierras.

Pero Marta no le hacía caso. No cambió de parecer, y el bosque regresó.

Siguieron pasando los años. Los árboles crecieron más y más altos. Los hijos e hijas de Marta ya eran mayores y tenían sus propios hijos. Emilio murió y le dejó la granja a Marta y a sus hijos.

Un día soleado, doña Marta fue a dar un paseo por el camino. Los niños la saludaron al pasar.

—Buenos días, señora de los árboles.

—Buenos días —contestó doña Marta, con un guiño y una sonrisa anciana. Se apoyó en su bastón y se paró a contemplar el valle.

Sus árboles llegaban hasta el cielo. Lianas gruesas se enroscaban alrededor de los troncos. Pájaros de todos los colores llenaban las ramas. Ahora, dondequiera que cayeran semillas, crecerían nuevos árboles. El valle brillaba con los sembríos de calabaza, de maíz y de frijoles, pero la ladera de la montaña era de un profundo verde oscuro. La labor de doña Marta se había cumplido.

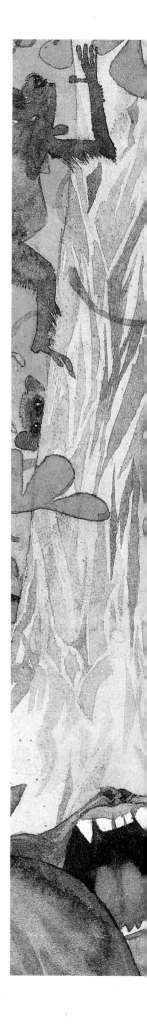

Una noche, doña Marta no podía dormir. Acostada en su cama, oía el sonido de los insectos, el chirrido de los pájaros nocturnos. Por su pequeña ventana, miraba las estrellas que se movían lentamente a través del cielo oscuro. Miraba desplazarse por el cuarto las sombras que dejaba caer la luna. Al acercarse el amanecer, oyó que los gallos empezaban a quiquiriquear. Y luego oyó otro sonido.

Al principio, parecía el ladrar de perros, pero pronto los ladridos se convirtieron en aullidos, los aullidos en chillidos, los chillidos en alaridos, y cada hoja de árbol y brizna de hierba temblaba del ruido. Doña Marta se acercó a la ventana y se inclinó hacia afuera.

El aire oscuro retumbaba con el sonido de los monos, vociferando, aullando, gritando desde la arboleda, despertando al mundo entero otra vez. Doña Marta cerró los ojos, sonrió una sonrisa arrugada, y escuchó la música que tanto había extrañado por cincuenta y seis años.

Ahora cada mañana, doña Marta se despierta con los ladridos y las protestas de los monos. Cada tarde espera a que se reúnan en los árboles para chillar y aullar y dar las buenas noches. Por un tiempito cada mañana y cada tarde, el sonido de los monos ahoga cualquier otro sonido del valle. Por un tiempito cada día, es como si nunca nada hubiera cambiado.

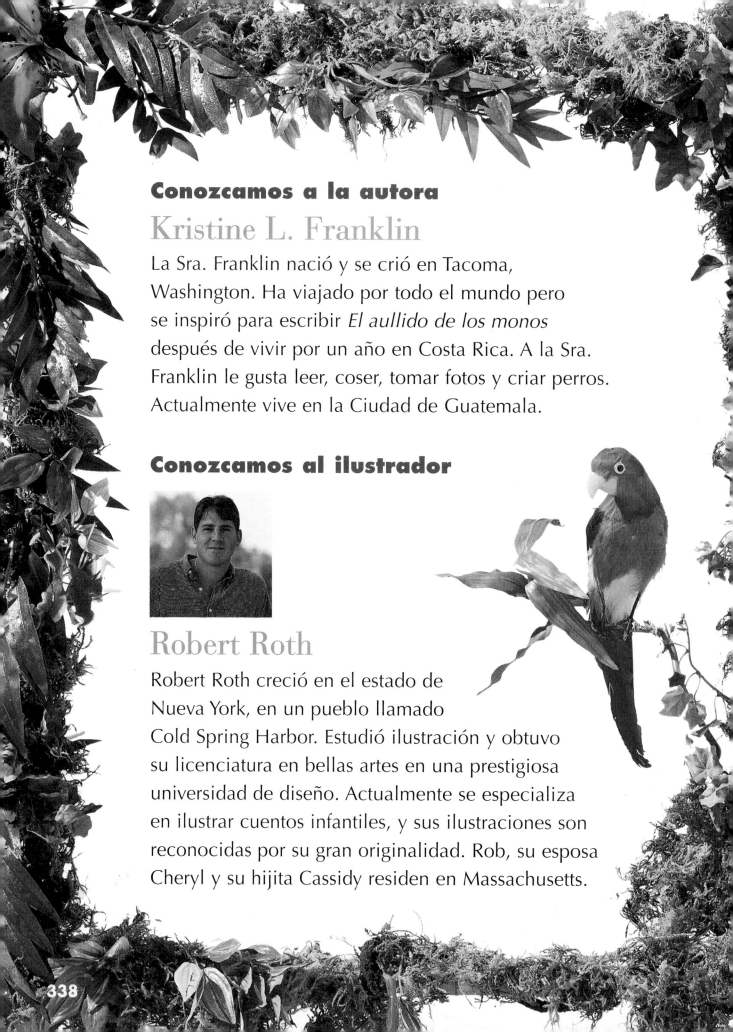

Conozcamos a la autora

Kristine L. Franklin

La Sra. Franklin nació y se crió en Tacoma, Washington. Ha viajado por todo el mundo pero se inspiró para escribir *El aullido de los monos* después de vivir por un año en Costa Rica. A la Sra. Franklin le gusta leer, coser, tomar fotos y criar perros. Actualmente vive en la Ciudad de Guatemala.

Conozcamos al ilustrador

Robert Roth

Robert Roth creció en el estado de Nueva York, en un pueblo llamado Cold Spring Harbor. Estudió ilustración y obtuvo su licenciatura en bellas artes en una prestigiosa universidad de diseño. Actualmente se especializa en ilustrar cuentos infantiles, y sus ilustraciones son reconocidas por su gran originalidad. Rob, su esposa Cheryl y su hijita Cassidy residen en Massachusetts.

Reacción del lector

Coméntalo

¿Crees que el padre de Marta hizo bien en aceptar dinero de los hombres que llegaron a cortar árboles? ¿Por qué?

Comprensión de lectura

1. ¿Cómo describirías a Marta?

2. La autora dice de Emilio, el esposo de Marta: "Y aunque no se acostumbraba a hacerlo, le dio a Marta la tierra de la ladera de la montaña". ¿Qué crees que quiere decir la primera parte de la oración?

3. *El aullido de los monos* es ficción, y *Las noches de los frailecillos* no lo es. Sin embargo, ¿en qué se parecen ambos cuentos?

4. Escribe los tres sucesos principales del **argumento** de *El aullido de los monos*.

5. ¿Es el hecho de que Marta decide sembrar árboles un suceso importante del **argumento**? ¿Por qué?

Haz un diorama

Con la ayuda de dos o tres compañeros y compañeras, haz un diorama que represente una escena del cuento.

Realismo y fantasía

- Un **cuento realista** narra algo que podría ocurrir en la vida real.

- Un **cuento fantástico** contiene situaciones que no es posible que ocurran. A veces también contiene situaciones que podrían ocurrir en la vida real.

Lee "Ali y la serpiente", por Angela Johnson y "Verdi se pregunta...", por Janell Cannon.

Escribe

1. Escribe *Serpientes* en la parte superior de una hoja de papel. Escribe *realista* en la parte superior izquierda y *fantástico* en la parte superior derecha. Escribe detalles de cada cuento bajo la palabra correspondiente.

2. ¿Cuál de estos dos cuentos es realista y cuál es fantástico? ¿Por qué?

Ali y la serpiente

por Angela Johnson

Cuando el hombre del zoológico vino a la escuela de Ali, trajo consigo a Silvia, la serpiente.

Era de color café, amarillo y anaranjado. Esos colores le recordaban a Ali el sol, la tierra y todo lo que hay entre ambos.

El hombre del zoológico dijo:
—¿Quién se atreve a agarrarla?

—Yo —dijo Ali. Y se pasó el día con Silvia, la serpiente de color café, amarillo y anaranjado, enrollada por el cuello, los brazos y los tobillos.

Silvia regresó al zoológico y Ali se ganó el apodo de "la niña de la serpiente".

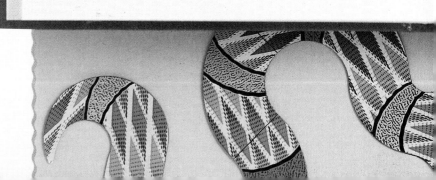

Verdi se pregunta...

por Janell Cannon

En una pequeña isla tropical, el sol asomaba por encima de la húmeda selva. Una mamá pitón enviaba a sus crías al bosque, como hacen todas las madres pitones.

—¡Crezcan y háganse verdes! Tan verdes como las hojas de los árboles —dijo a sus pequeños hijos amarillos mientras se dispersaban alegremente entre los árboles.

Verdi, en cambio, vaciló. Con orgullo contemplaba su reluciente piel amarilla. Sobre todo le gustaban los llamativos dibujos que le zigzagueaban por la espalda.

"¿Para qué tanta prisa en crecer y volverse verde?", se preguntó.

Quizá pudieran explicárselo algunas de las serpientes más mayores que había en la selva. Verdi se aventuró hacia las copas de los árboles en su busca.

OJO A LO QUE VIENE

Dos hormigas traviesas

En el siguiente cuento, dos hormigas deciden no regresar a casa con el resto de las hormigas. Lee y piensa si en la vida real las hormigas podrían correr tan fantástica aventura.

Vocabulario

Palabras nuevas

cascada	cegadora	cristal
exploradora	golosina	tesoro
maravilloso	resonaba	

Al leer, quizás encuentres palabras que no conoces. Para averiguar su significado, busca pistas en la oración. Fíjate en detalles o ejemplos.

Mira cómo se usa *cascada* en el siguiente párrafo. Busca una explicación en las demás oraciones. ¿Qué significa *cascada?*

La aventura de Hormi

A Hormi le encanta ser <u>exploradora</u>. Ayer fue en busca de una <u>golosina</u> que dicen se encuentra al fondo de un lago. Al poco tiempo halló una <u>cascada</u>. El agua <u>resonaba</u> como un trueno. Abajo estaba el lago, con aguas tan claras como el <u>cristal</u>. A pesar de la luz <u>cegadora</u>, le pareció ver el <u>tesoro</u> <u>maravilloso</u> que andaba buscando. ¿Sería posible?

En tus palabras

¿Qué crees que pasará con Hormi? Usa palabras del vocabulario.

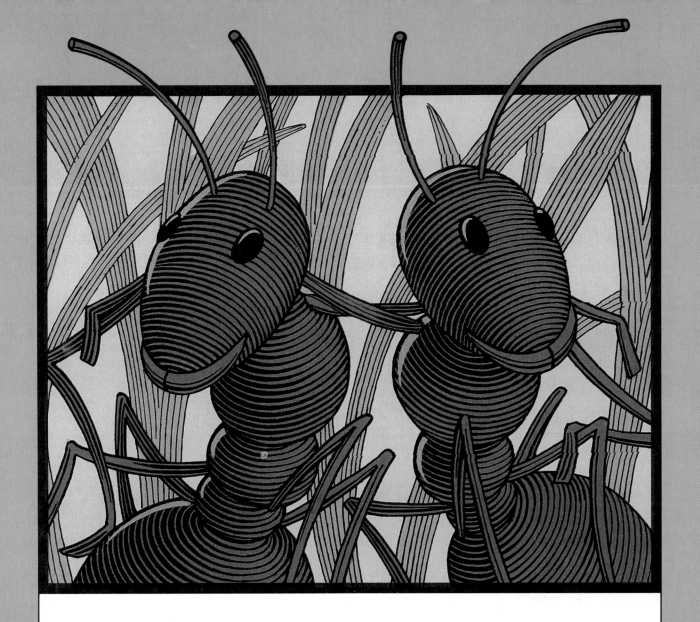

DOS HORMIGAS TRAVIESAS

por Chris Van Allsburg

Por los túneles del mundo de las hormigas las noticias corrían rápidamente. Una hormiga exploradora había vuelto con un descubrimiento maravilloso: un bellísimo y brillante cristal. Cuando la hormiga exploradora ofreció el cristal a la hormiga reina, ésta primero le dio una probadita y luego se comió rápidamente todo el cristal.

Le pareció la cosa más exquisita que había probado en su vida. Nada en el mundo la haría más feliz que comer más, mucho más de esta delicia. Las demás hormigas comprendieron. Anhelaban recolectar más cristales para la reina porque ella era la madre de todas ellas. El bienestar del hormiguero dependía de la felicidad de la hormiga reina.

Emprendieron la marcha cuando ya atardecía. Caían sombras largas sobre la entrada del reino de las hormigas. Una tras otra seguían a la hormiga exploradora. Ésta les había avisado que el viaje era largo y peligroso, pero que había muchos cristales donde se había encontrado el primer cristal.

Las hormigas iban en fila por el bosque que rodeaba su hogar subterráneo. Empezaba a caer la noche y el cielo se hacía cada vez más oscuro. El camino que tomaron daba vueltas y más vueltas. Cada curva las llevaba más adentro del bosque.

Las hormigas se detuvieron ansiosas más de una vez para oír el ruido de las arañas hambrientas. Pero lo único que oyeron fue el canto de los grillos que resonaba como truenos lejanos por el bosque.

Había rocío en las hojas de arriba. De repente, enormes gotas frías empezaron a caer sobre la fila de hormigas. Por arriba pasó una luciérnaga que, por un instante, iluminó el bosque con una chispa cegadora de luz azul verdosa.

A la orilla del bosque se alzaba una montaña. Las hormigas miraron hacia arriba, sin divisar el pico. Parecía llegar hasta el mismo cielo. Pero no se detuvieron. Por un costado treparon, cada vez más alto.

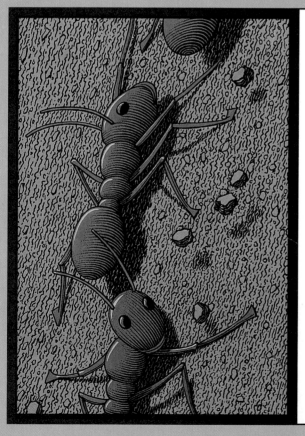

Silbaba el viento a través de las grietas de la ladera de la montaña. Las hormigas sentían que la fuerza del viento doblaba sus finas antenas. Las patitas se les ponían más y más débiles mientras avanzaban penosamente hacia arriba. Por fin dieron con una salida y se metieron por un túnel estrecho.

Al salir del túnel, las hormigas se encontraron con un mundo desconocido. Los olores de siempre —los olores a tierra, a hierba y a plantitas podridas— habían desaparecido. Ya no había más viento, pero lo que les parecía más raro todavía era que había desaparecido el cielo.

Atravesaron superficies lisas y brillantes. Luego siguieron a la hormiga exploradora, hacia arriba por una pared curva que parecía vidrio. Habían llegado a la meta. Desde lo alto de la pared, divisaron un mar de cristales. Una por una las hormigas bajaron hacia el brillante tesoro.

Rápidamente cada hormiga escogía un cristal y luego daba vuelta y empezaba el regreso a casa. Este sitio extraño ponía nerviosas a las hormigas. Se marcharon tan de prisa que nadie se dio cuenta de que se quedaban atrás dos hormiguitas.

—¿Para qué regresar? —preguntó una—. No estamos como en casa, pero ¡hay tantos cristales!

—Tienes toda la razón —respondió la otra—. Si nos quedamos aquí podremos comer esta golosina toda la vida.

De modo que comieron un cristal tras otro hasta que no pudieron más y se quedaron dormidas.

Amanecía. Las hormiguitas dormían sin enterarse de los cambios que ocurrían en su nuevo hogar. Por encima de ellas flotaba una pala plateada gigantesca que, de repente, se hundió en los cristales y se llevó por los aires no sólo a los cristales, sino también a las hormiguitas.

Ya estaban las hormiguitas completamente despiertas cuando la pala se volteó y las dejó caer desde una altura enorme. Después de rodar por el aire en una nevada de cristales, cayeron en un lago hirviente de color oscuro.

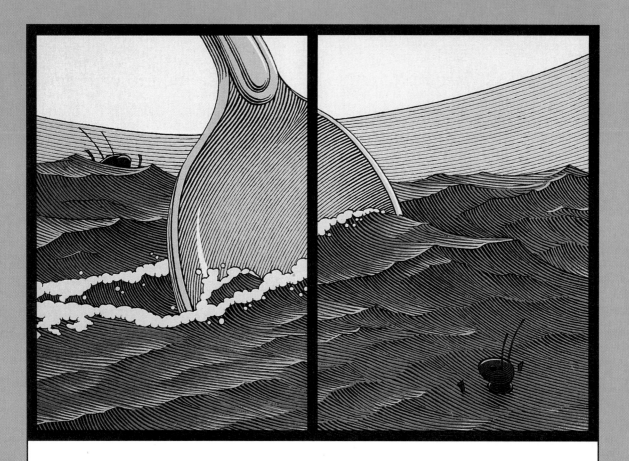

Luego la pala gigantesca revolvió violentamente las aguas. Esto provocó unas olas enormes que rompían contra las hormiguitas. Chapotearon con todas sus fuerzas para mantener las cabecitas fuera del agua. Sin embargo, la pala no dejaba de agitar el caliente líquido de color oscuro.

De tanto dar vueltas, la pala creó un remolino que chupaba a las hormiguitas más y más hacia el fondo. Las dos contuvieron la respiración y así pudieron salir a la superficie, jadeando y echando chorritos de aquella agua fea y amarga.

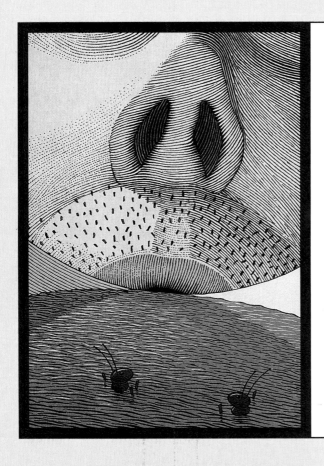

El lago se inclinó y comenzó a vaciarse en una cueva. Las hormiguitas escuchaban el torrente de agua, y sentían que las empujaban hacia un agujero negro.

De pronto, desapareció la cueva y se calmó el lago. Nadaron hacia la costa y vieron que las orillas del lago eran muy empinadas. Bajaron con prisa los muros del lago.

Atemorizadas, buscaron un refugio. Estaban muy preocupadas. Temían que la pala gigantesca las recogiera de nuevo. Cerca de ahí encontraron un enorme disco redondo, con agujeros para esconderse.

Pero en cuanto se metieron, el escondite se elevó, se inclinó y luego bajó a un lugar oscuro. Cuando salieron de los agujeros se encontraron rodeadas de un raro brillo rojo. Además, les parecía que la temperatura aumentaba a cada segundo.

Al rato, hacía un calor tan tremendo que las hormiguitas pensaban que pronto iban a cocerse. Pero, de repente, se lanzó como un cohete el disco donde estaban paradas, y las dos hormiguitas chamuscadas salieron volando por los aires.

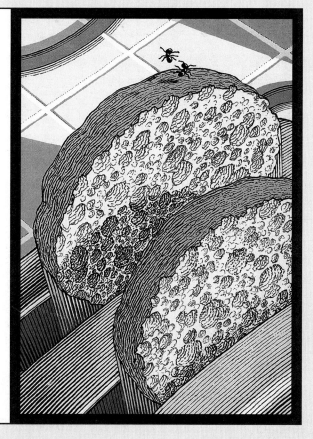

Fueron a parar cerca de algo parecido a una fuente de agua: una cascada que brotaba de un tubo plateado. Como morían de sed, sintieron unas ganas locas de mojarse las cabecitas con esa agua refrescante. De modo que rápidamente subieron por el tubo.

Cuanto más se acercaban al torrente de agua, más sentían la llovizna fresca. Cuidadosamente, se agarraron a la superficie brillante de la fuente e inclinaron las cabecitas hacia adelante, muy despacito, en el chorro de agua. Desafortunadamente, la fuerza del agua fue demasiado fuerte.

La fuerza del torrente sacó a los diminutos insectos de la fuente y los arrojó a un lugar oscuro y mojado. Aterrizaron encima de restos de frutas y otras cosas muy húmedas. De repente, el aire se llenó de un ruido fuerte y espantoso. Y el lugar empezó a dar vueltas.

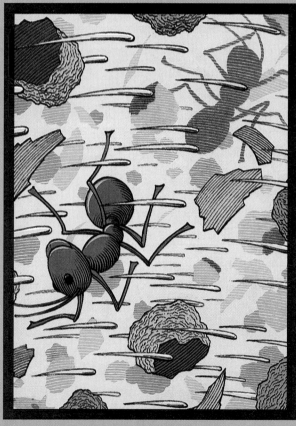

Las hormiguitas estaban atrapadas en un remolino violento de restos de comida y de una fuerte lluvia. Pero tan de repente como habían empezado, se apagó el ruido y pararon las vueltas. Mareadas y magulladas, las hormiguitas escaparon de ese lugar oscuro.

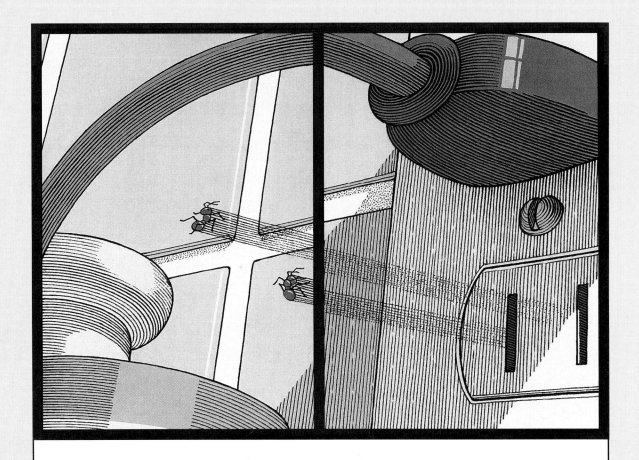

Otra vez en pleno día, echaron a correr por los charcos y subieron por una pared lisa de metal. Algo que vieron a lo lejos las alentó: eran dos agujeros largos y estrechos que les recordó el calor y la seguridad de su querido hogar subterráneo. Subieron y se metieron por esas aberturas oscuras.

Pero dentro de estos agujeros no había seguridad. Las hormiguitas empapadas sentían una fuerza extraña que las atravesaba. Aturdidas como estaban, la fuerza las arrojó de los agujeros a una velocidad increíble. Cuando aterrizaron, las hormiguitas estaban tan agotadas que no podían más. Se arrastraron hacia un rinconcito oscuro, y ahí se quedaron bien dormidas.

Ya era noche de nuevo, cuando un sonido familiar despertó a las apaleadas hormiguitas. Eran los pasos de sus compañeras que volvían por más cristales. Disimuladamente, las dos hormiguitas se pusieron en la cola. Subieron la pared que parecía vidrio, y una vez más se encontraron en medio del tesoro. Pero esta vez eligieron un solo cristal cada una y siguieron a sus compañeras a casa.

Paradas a la entrada del hormiguero, las dos hormiguitas escucharon los sonidos alegres que salían de adentro. Estaban seguras de que la reina madre se quedaría muy agradecida cuando le entregaran los cristales. En aquel momento, las dos hormiguitas se sintieron más contentas que nunca. Rodeadas de sus familias, aquí estaban en casa, justo donde debían estar.

CHRIS VAN ALLSBURG

A Chris Van Allsburg le han preguntado muchas veces de dónde provienen sus ideas. "Lo cierto es que no sé de dónde provienen mis ideas…. Parece casi un descubrimiento, como si el cuento hubiera estado siempre allí. Los pocos elementos con los que comienzo son realmente claves. Si logro entender lo que significan, descubro el cuento que estaba esperando ser descubierto", dice Van Allsburg.

Cuando escribe un libro, el Sr. Van Allsburg comienza por lo general a escribir el cuento. Luego hace varios bosquejos para decidir desde qué ángulo se verá cada ilustración. Una vez decidido esto, experimenta con la luz y las sombras de sus ilustraciones.

Al Sr. Van Allsburg le gusta dar paseos y visitar museos. Él y su esposa viven en Rhode Island.

Coméntalo

Imagínate que eres una de las hormigas traviesas. ¿Qué les dirías a tus amigas cuando las vieras? ¿Te gustaría volver a ir a explorar alguna vez? ¿Por qué?

Comprensión de lectura

1. ¿Por qué las dos hormigas se quedan atrás mientras las otras hormigas le llevan cristales a la reina?

2. May en *El viaje de May* y las hormigas en *Dos hormigas traviesas* hacen un viaje. ¿En qué se parecen y en qué se diferencian sus aventuras?

3. Las hormigas no tienen experiencia en la cocina, pero tú sí. ¿Qué utensilios comunes de una cocina son peligrosos para las hormigas?

4. *Dos hormigas traviesas* es un **cuento fantástico** porque algunas de las cosas que ocurren no podrían ocurrir en la vida real. Nombra dos cosas del cuento que no podrían ocurrir en la vida real.

5. En un **cuento fantástico** algunas cosas son reales. Nombra dos cosas del cuento que sí podrían ocurrir en la vida real.

Caminata por el salón

Trabaja con un compañero o compañera para hacer el papel de dos hormigas cruzando el salón. ¿Qué les pasaría? ¿Qué objetos del salón verían y qué creerían que son? Describe lo que ves en tu viaje y dale consejos a tu compañero o compañera para que no le pase nada.

LA CAJA DE PANDORA

narrado e ilustrado
por Anne Rockwell

Relacionar lecturas

Leer un mito

✓ **Lee el título.** Por lo general el título indica quiénes son los personajes principales. Un mito tiene pocos personajes y un argumento sencillo.

✓ **Busca una explicación.** Un mito es una narración de algo que pasó hace mucho tiempo. Generalmente un mito explica cómo ocurrió algún fenómeno de la naturaleza. Los mitos se usan para explicar algo que hace mucho tiempo no se entendía.

Enfoca tu lectura

Este mito explica la causa de todos los males del mundo. Al leer, piensa en las dos hormigas traviesas y en cómo la curiosidad las metió en problemas.

Pandora no nació como el resto de los mortales, sino que fue creada. Hefestos creó su figura con arcilla y la hizo tan joven y hermosa como lo era su esposa, Afrodita, la diosa del amor y la belleza.

Todos y cada uno de los dioses y diosas le ofrecieron un regalo a Pandora. Luego, Atenea, la diosa de la sabiduría, le dio vida con su aliento. Casi todos los regalos que le dieron los dioses eran buenos. Desgraciadamente, Hermes, siempre con sus trucos y engaños, le dio demasiada curiosidad.

Pandora fue enviada a vivir a la Tierra. No le fue difícil encontrar un buen esposo, puesto que los dioses y diosas le habían dado el regalo de la sonrisa, la dulzura y el ingenio. Además de todo eso, era rica, porque los dioses y diosas le dieron una caja que había hecho Hefestos. Era tan hermosa como Pandora y también muy valiosa.

—No abras nunca esa caja —le advirtieron a Pandora todos los dioses y diosas. Ella prometió obedecerles, pero con el paso del tiempo Pandora empezó a sentir cada vez más curiosidad por saber lo que contenía la caja que prometió nunca abrir.

En aquellos días, no existía la tristeza entre los mortales de la Tierra. ¿Y por qué razón no debería haber sido así? Tampoco existían la enfermedad, el hambre, los celos, la pereza, la avaricia, la rabia, ni la crueldad. Hasta la muerte era como un largo y gentil sueño que llegaba cuando una persona se sentía muy cansada. No había ningún tipo de sufrimiento.

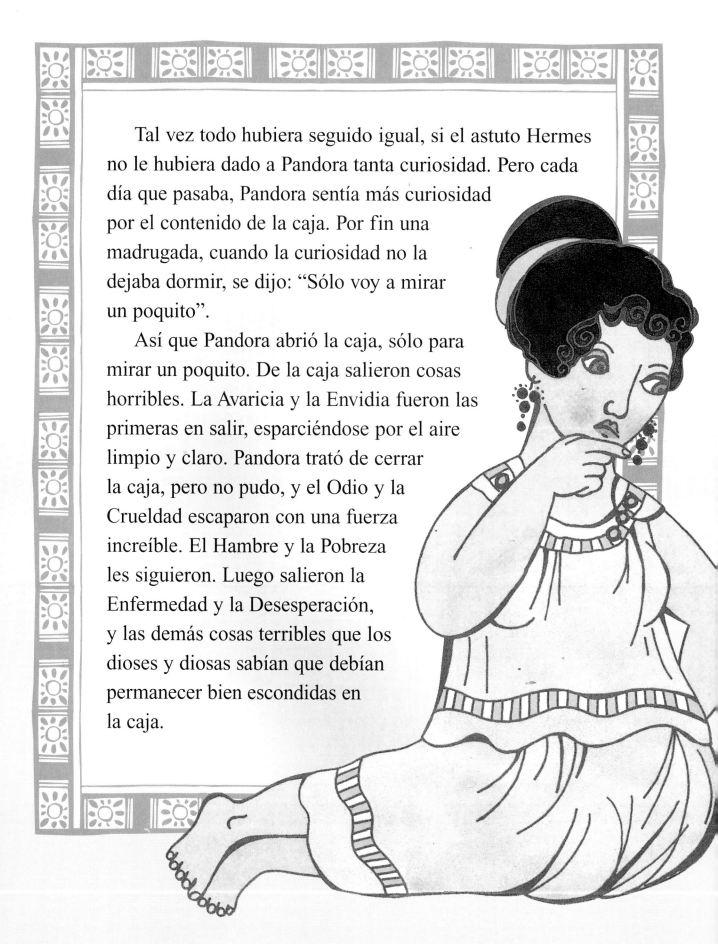

Tal vez todo hubiera seguido igual, si el astuto Hermes no le hubiera dado a Pandora tanta curiosidad. Pero cada día que pasaba, Pandora sentía más curiosidad por el contenido de la caja. Por fin una madrugada, cuando la curiosidad no la dejaba dormir, se dijo: "Sólo voy a mirar un poquito".

Así que Pandora abrió la caja, sólo para mirar un poquito. De la caja salieron cosas horribles. La Avaricia y la Envidia fueron las primeras en salir, esparciéndose por el aire limpio y claro. Pandora trató de cerrar la caja, pero no pudo, y el Odio y la Crueldad escaparon con una fuerza increíble. El Hambre y la Pobreza les siguieron. Luego salieron la Enfermedad y la Desesperación, y las demás cosas terribles que los dioses y diosas sabían que debían permanecer bien escondidas en la caja.

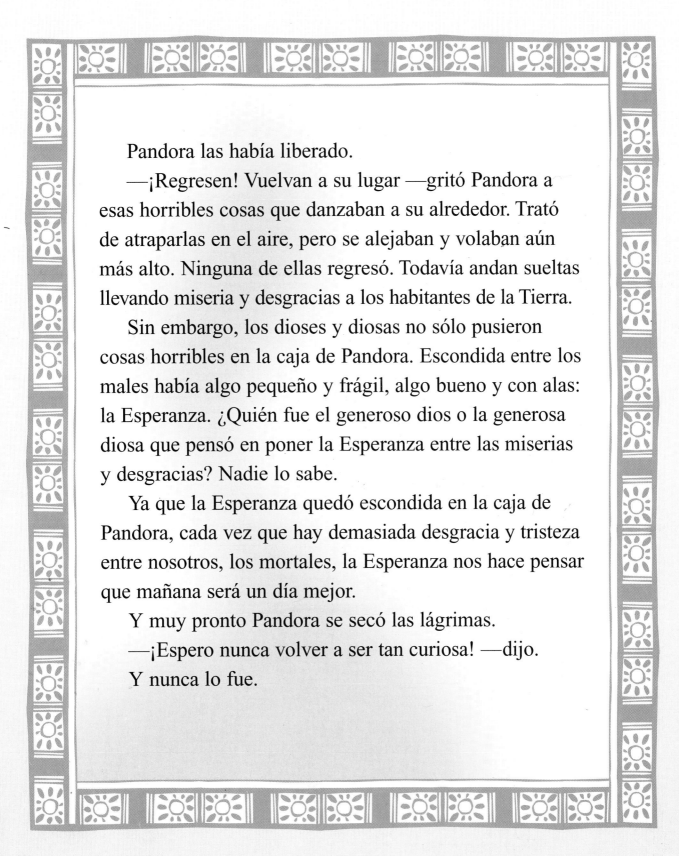

Pandora las había liberado.

—¡Regresen! Vuelvan a su lugar —gritó Pandora a esas horribles cosas que danzaban a su alrededor. Trató de atraparlas en el aire, pero se alejaban y volaban aún más alto. Ninguna de ellas regresó. Todavía andan sueltas llevando miseria y desgracias a los habitantes de la Tierra.

Sin embargo, los dioses y diosas no sólo pusieron cosas horribles en la caja de Pandora. Escondida entre los males había algo pequeño y frágil, algo bueno y con alas: la Esperanza. ¿Quién fue el generoso dios o la generosa diosa que pensó en poner la Esperanza entre las miserias y desgracias? Nadie lo sabe.

Ya que la Esperanza quedó escondida en la caja de Pandora, cada vez que hay demasiada desgracia y tristeza entre nosotros, los mortales, la Esperanza nos hace pensar que mañana será un día mejor.

Y muy pronto Pandora se secó las lágrimas.

—¡Espero nunca volver a ser tan curiosa! —dijo.

Y nunca lo fue.

Me encantan las palabras
por Maya Angelou

Saltan palomitas, rebotan del fondo
de una sartén tan negra como ardiente
y entran a mi boca.
Palabras negras saltan,
rebotan de la página blanca.
Me llenan los ojos. Se deslizan
en mi cerebro, que las come
igual que la lengua y los dientes
devoran las palomitas enmantequilladas.

Cuando dejo de leer,
las ideas que surgen de las palabras
me quedan pegadas como el dulce olor
de la mantequilla que perdura en
los dedos aun cuando las palomitas
se han acabado.

Me encantan el libro y sus palabras,
el peso de las ideas que se abren en mi mente.
Me encanta que los pensamientos nuevos
me dejen sus huellas en la mente.

A ti me enviaré
por Woody Guthrie

Me envolveré en papel
y con pegamento me pegaré,
de timbres me cubriré la cabeza
y a ti me enviaré.

Con pita roja me amarraré,
y listón azul también.
Me meteré en el buzón
y a ti me enviaré.

Cuando llegue a tu casa
córtame las cuerdas,
quítame el pegamento
y dame goma de mascar.

Desenvuélveme del papel
quítame los timbres,
lléname de soda fría
y en mi cama déjame descansar.

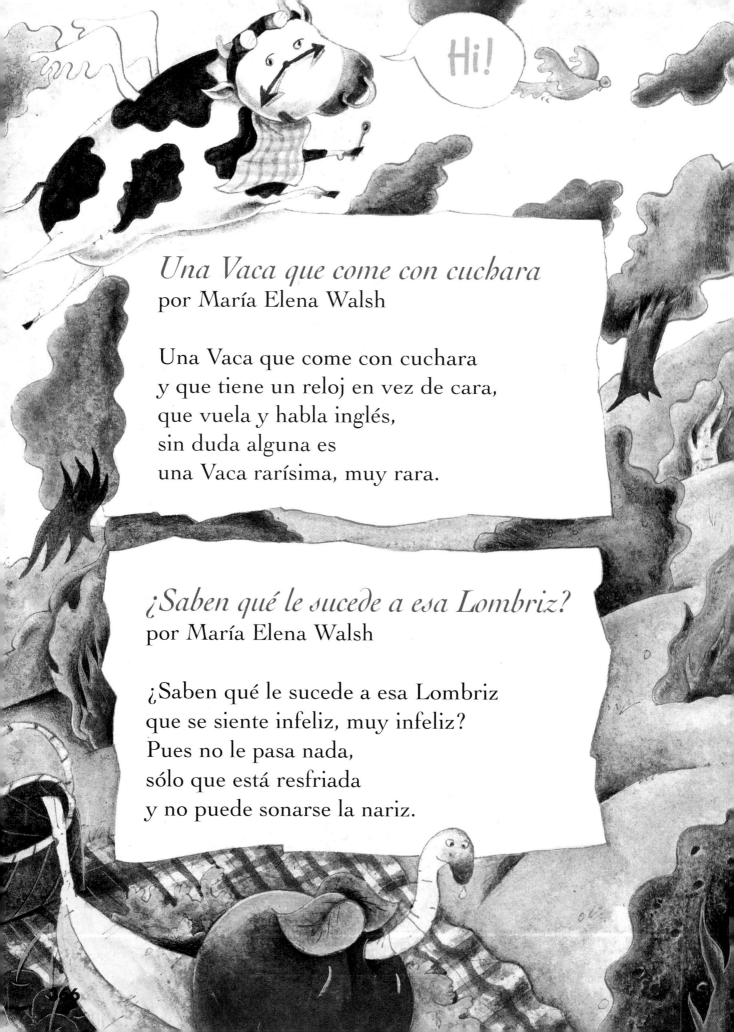

Una Vaca que come con cuchara
por María Elena Walsh

Una Vaca que come con cuchara
y que tiene un reloj en vez de cara,
que vuela y habla inglés,
sin duda alguna es
una Vaca rarísima, muy rara.

¿Saben qué le sucede a esa Lombriz?
por María Elena Walsh

¿Saben qué le sucede a esa Lombriz
que se siente infeliz, muy infeliz?
Pues no le pasa nada,
sólo que está resfriada
y no puede sonarse la nariz.

Un Nogüipín, un Greti, un Lodricoco
por María Elena Walsh

(Un Nogüipín, un Greti, un Lodricoco.
Un Toquimos, un Mapu, una Rratoco,
Una Faraji, un Toga,
un Rrope, una Tavioga,
un Llobaca, un Norrizo y un Teyoco.)

Glosario

Cómo usar este glosario

Este glosario te ayuda a entender el significado de algunas de las palabras que aparecen en este libro. Las palabras están ordenadas alfabéticamente. Para facilitarte la búsqueda de una palabra, fíjate en la parte superior de cada página, donde hay dos palabras guía: la primera y la última de esa página. Recuerda, si no encuentras la palabra que buscas, pide ayuda o búscala en un diccionario.

La palabra que se define aparece en negrilla y dividida en sílabas.

Luego aparece la función que esa palabra tiene en la oración.

im•plo•rar *VERBO.* Pedir algo con humildad; suplicar, rogar: *Los recolectores de fruta imploraron al cielo que dejara de llover.*

a•som•bra•do/da *ADJETIVO.* Lleno de sorpresa o admiración; sorprendido: *Aquel regalo lo dejó asombrado y, como no supo qué decir, se quedó callado.*

La definición y el ejemplo muestran lo que significa la palabra y cómo se usa. A veces aparecen sinónimos de la palabra definida para ayudarte a comprender mejor su significado. Además te sirven para enriquecer tu vocabulario.

Aa

á•ba•co *SUSTANTIVO.* Cuadro de madera con diez alambres paralelos y diez bolitas corredizas en cada uno, que sirve para contar: *El niño contaba rápidamente con la ayuda de un ábaco.*

al•de•a *SUSTANTIVO.* Pueblo muy pequeño: *Manuel vive en una aldea de cuatrocientos sesenta y dos habitantes.*

al•fa•be•to *SUSTANTIVO.* Conjunto de letras que forman el sistema de comunicación de una lengua: *La letra ñ es parte del alfabeto de la lengua española, pero no del alfabeto de la lengua inglesa.*

al•ga•ra•bí•a *SUSTANTIVO.* Griterío confuso de varias personas que hablan al mismo tiempo: *¡Qué algarabía se formó al irse la luz!*

al•ma•cén *SUSTANTIVO.*
1 Local donde se depositan productos: *El empresario tiene los muebles en un almacén.*
2 Tienda: *Sus padres tienen un almacén de telas.*

a•nun•cio *SUSTANTIVO.* Palabras, dibujos o signos con los que se quiere dar a conocer algo: *La escuela estaba llena de anuncios para los juegos escolares.*

a•pren•der *VERBO.* Adquirir conocimientos y retenerlos en la memoria: *Javier quiere aprender inglés.*

a•rro•jar *VERBO.* Lanzar o tirar algo: *Violeta arrojó la piedra al lago.*

a•som•bra•do/da *ADJETIVO.* Lleno de sorpresa o admiración; sorprendido: *Aquel regalo lo dejó asombrado y, como no supo qué decir, se quedó callado.*

B b

ban•que•te *SUSTANTIVO.* Comida estupenda para celebrar algo: *Isabel y Fernando hicieron un gran banquete el día de su boda.*

bás•cu•la *SUSTANTIVO.* Instrumento para pesar cosas muy grandes: *En el almacén hay una báscula para pesar las mercancías.*

bien•ve•ni•da *SUSTANTIVO.* Recibimiento amistoso que se da a las personas cuando llegan a algún lugar: *Recibimos a los invitados con una cálida bienvenida.*

bri•llar *VERBO.* Despedir luz propia o reflejarla: *Si el sol brillara tanto como tú, no existiría la noche.*

brillar

C c

ca•bal•gar *VERBO.* Andar a caballo: *Rodolfo cabalgó por la playa hasta el atardecer.*

ca•ba•ña *SUSTANTIVO.* Casa tosca en el campo hecha de madera o cañas: *Los leñadores vivían en una cabaña en medio del bosque.*

cam•pe•si•no *SUSTANTIVO*. Persona que vive y trabaja en el campo: *Tomás era un campesino muy honrado y trabajador.*

car•pa *SUSTANTIVO*. Especie de tienda de campaña: *Cuando empezó a oscurecer nos detuvimos cerca de un lago y montamos la carpa.*

cas•ca•da *SUSTANTIVO*. Salto de agua de un río o corriente cuando hay un desnivel en el terreno: *Pintó un bonito paisaje con muchos árboles y una pequeña cascada al fondo.*

ce•ga•dor/do•ra *ADJETIVO*. Que hace perder la visión o deslumbra: *Tuvimos que cerrar los ojos porque aquella luz tan fuerte era cegadora.*

cis•ne *SUSTANTIVO*. Ave de plumas blancas, cabeza pequeña y pico de color anaranjado. Tiene el cuello muy largo y flexible, las patas cortas y las alas grandes: *Me gusta ir al parque y mirar a los cisnes del estanque.*

cisne

co•bi•ja *SUSTANTIVO*. Prenda de lana o algodón que sirve para abrigarse en la cama: *Mi abuela hace unas cobijas de lana muy suaves y bonitas.*

co•lo•ri•do *SUSTANTIVO*. De muchos colores: *El colorido de tu camisa es como un pedazo del arco iris.*

colorido

co•me•dor *SUSTANTIVO*. Habitación de la casa donde se come: *Cuando Julián llegó, ya estaban todos sentados a la mesa del comedor.*

con•duc•tor/to•ra *SUSTANTIVO*. Persona que conduce un auto, un tren o un autobús: *Papá es conductor de tren, igual que el abuelo.*

co•no *SUSTANTIVO.* Figura geométrica de base redonda y terminada en punta; cualquier objeto con esta forma: *Hizo un cono con una hoja de papel y lo llenó de caramelos.*

con•ten•to/ta *ADJETIVO.* Feliz, alegre: *¡Qué contenta estoy! Por fin llegaron las vacaciones.*

cris•tal *SUSTANTIVO.* Vidrio transparente y sin color: *La superficie del estanque parecía ser de cristal.*

cristal

D d

de•cla•rar *VERBO.* Manifestar; expresar una idea, conocimiento u opinión: *Sin ningún miedo declaró que no lo haría.*

des•fi•le *SUSTANTIVO.* Evento que consiste en un grupo de personas marchando en fila: *El desfile de disfraces fue un éxito.*

des•ta•car *VERBO.* Resaltar, sobresalir, distinguirse: *Muy pronto Rafael comenzó a destacar entre sus compañeros por su habilidad con los números.*

di•se•ñar *VERBO.* Dibujar un proyecto o plano: *Jorge diseñó un nuevo modelo de carro para el proyecto de ciencias.*

do•ble *ADJETIVO.* Que es dos veces mayor: *Mónica corre cada semana el doble de la distancia de la semana anterior.*

E e

e•mo•cio•nan•te *ADJETIVO.* Que causa mucha emoción: *¡Qué emocionante fue ver de nuevo reunida a la familia!*

en•gru•do *SUSTANTIVO.* Masa hecha con harina cocida en agua que se usa como pegamento: *Pegó los recortes de revista con engrudo casero.*

en•jua•gar *VERBO.* Quitar con agua el jabón: *Belinda enjuagó a su perro con la manguera del jardín, después de enjabonarlo.*

en•ro•je•ci•do/da *ADJETIVO.* Que se ha puesto de color rojo; sonrojado: *Laura estaba enrojecida de vergüenza. Parecía un tomate.*

en•se•ñar *VERBO.*

1 Explicar algo a alguien para que lo aprenda: *Cuando era niño, mis hermanos me enseñaron a montar en bicicleta.*

2 Mostrar o dejar ver algo a alguien: *¡Qué amables! Nos enseñaron todos los cuartos de la casa.*

enseñar

en•viar *VERBO.* Hacer que alguna cosa sea llevada a alguna parte: *Vamos a enviar los libros por correo.*

es•pe•ran•za *SUSTANTIVO.* Confianza de que lo que se desea es posible que pase: *Vive con la esperanza de viajar y conocer muchos países.*

es•piar *VERBO.* Observar de cerca procurando no ser visto: *Los montañeros descubrieron que unos desconocidos los espiaban.*

es•ta•ción *SUSTANTIVO.* Lugar de salida y llegada de trenes y autobuses: *La estación de trenes tiene un reloj muy grande en la entrada.*

e•ti•que•ta *SUSTANTIVO.* Marca o señal que se coloca en un objeto o en una mercancía, para identificarlo, valorarlo y clasificarlo: *La etiqueta del producto indica su origen.*

ex•plo•ra•dor/do•ra

1 *SUSTANTIVO.* Que se adentra en lugares desconocidos y lejanos para descubrir algo nuevo: *Seré exploradora porque me gusta la aventura y la naturaleza.*

2 *ADJETIVO.* Que explora: *Todos conocen a Carmela, la chica exploradora de la escuela.*

F f

fa•mo•so/sa *ADJETIVO*. Persona, dicho o hecho muy conocido y popular: *Valeria es la niña más famosa del barrio por lo bien que baila.*

fres•co/ca *ADJETIVO*.

1 Frío moderado; a temperatura agradable cuando hace calor: *Quiero beber algo fresco, ¡hace tanto calor!*

2 Se dice de un alimento que no es congelado ni tratado: *Tía Emilia nos trae pan fresco cada día.*

fresco

fri•jol *SUSTANTIVO*. Planta que produce vainas, o fundas alargadas, con varias semillas en forma de riñón dentro; el fruto de esta planta: *Doña Enriqueta es famosa por sus frijoles con crema.*

fút•bol *SUSTANTIVO*. Deporte muy popular que se juega con una pelota y en el que los dos equipos participantes, de once jugadores cada uno, deben tratar de marcar goles en la portería del equipo contrario sin tocar la pelota con las manos: *Mi hermano tiene una pelota de fútbol profesional.*

fútbol

G g

glo•tón/to•na *ADJETIVO*. Que come mucho y con voracidad: *La araña Mariona era muy glotona y quería comerse toda la comida ella sola.*

go•lo•si•na *SUSTANTIVO*. Alimento exquisito, generalmente dulce, que se come más por capricho que por hambre: *El chocolate es mi golosina favorita.*

H h

ha•bi•tan•te SUSTANTIVO. Persona que habita o vive en un lugar: *¿Sabes cuántos habitantes tiene Hong Kong?*

I i

im•plo•rar VERBO. Pedir algo con humildad; suplicar, rogar: *Los recolectores de fruta imploraron al cielo que dejara de llover.*

i•nú•til•men•te ADVERBIO. Hacer algo sin éxito: *Lavé inútilmente la mancha de tinta de la camisa.*

L l

la•bor SUSTANTIVO. Trabajo, tarea: *La labor de Francisco el lechero es ordeñar las vacas y vender leche fresca.*

la•drón/dro•na SUSTANTIVO. Persona que roba y se adueña de lo que pertenece a otros: *La policía atrapó a la ladrona de joyas cuando salía de la joyería.*

Ll ll

lle•gar VERBO.
1 Aparecer algo o alguien en un lugar: *Por fin llegó tu hermano.*
2 Ser el momento de algo: *Por fin llegó la hora de irnos.*

M m

ma•gia SUSTANTIVO.
1 Cosa extraordinaria que parece sobrepasar los límites de la realidad: *Baila tan bien que parece tener magia en los pies.*
2 Ilusión, encanto, atractivo: *La magia de la música me sigue dondequiera que voy.*

ma•ra•vi•llo•so/sa *ADJETIVO.*
Impresionante, asombroso: *El delfín me parece un animal maravilloso.*

mi•sión *SUSTANTIVO.*
1 Lugar en que se establecen los religiosos para dar a conocer su religión: *Muchos religiosos españoles fundaron misiones en distintos países de América.*
2 Actividad u obra que una persona o grupo de personas se siente obligada a hacer: *La misión de la profesora era promover los buenos modales.*

mo•no/na *SUSTANTIVO.* Animal que tiene todo el cuerpo cubierto de pelo, una cola larga y es muy hábil con las manos que usa para treparse a los árboles y para moverse por las ramas: *Existen muchos tipos de monos, pero en nuestro viaje por la selva de Costa Rica sólo vimos monos araña.*

mon•ta•ña *SUSTANTIVO.* Elevación natural del terreno: *Nos gusta ir de excursión a las montañas y disfrutar de la belleza del paisaje.*

montaña

mos•tra•dor *SUSTANTIVO.* Especie de mesa alargada donde se muestran las mercancías en una tienda: *El mostrador de la tienda estaba cubierto de hermosas telas.*

N n

ne•ve•ra *SUSTANTIVO.* Lugar en el que se guardan los alimentos para mantenerlos fríos y frescos; frigorífico; refrigerador: *Espera, primero debo poner el queso en la nevera.*

o. Nube muy baja que impide ver con claridad: *La niebla era tan espesa que no se veía nada y papá tuvo que parar el carro por un rato.*

nos•tal•gia *SUSTANTIVO*. Tristeza por el recuerdo de algo pasado, perdido o lejano: *Cuando recuerdo mi infancia en la finca, me da nostalgia.*

O o

os•cu•ri•dad *SUSTANTIVO*. Falta de luz: *No me asusta la oscuridad cuando se va la luz.*

P p

pai•sa•je *SUSTANTIVO*. Extensión de terreno que se ve desde un sitio: *En el museo vimos muchos cuadros de paisajes.*

pa•la•cio *SUSTANTIVO*. Casa muy grande y lujosa donde viven reyes y reinas: *El príncipe se aburría en el palacio y un día celebró una gran fiesta para todos sus amigos.*

pa•que•te *SUSTANTIVO*. Envoltorio no muy grande, generalmente de cartón o madera: *Metió todos sus juguetes en un paquete y lo guardó en un cajón.*

par•ce•la *SUSTANTIVO*. Extensión pequeña de terreno: *Los granjeros compraron una parcela en las afueras del pueblo para sembrar árboles frutales.*

pas•to *SUSTANTIVO*. Extensión de terreno cubierta de hierba; hierba que sirve de alimento a los animales: *Las ovejas andaban sueltas por los pastos.*

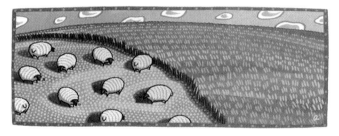

pasto

pa•ta•da *SUSTANTIVO*. Golpe que se da con el pie: *Eduardo dio una patada a la pelota y anotó un gol.*

pe•lo•ta *SUSTANTIVO*. Bola de goma u otro material que sirve para jugar: *El gato travieso hizo una pelota con la lana de tía Ana.*

pe•rió•di•co *SUSTANTIVO.* Conjunto de las noticias y eventos que se publican diariamente: *Me gusta leer la sección de deportes del periódico.*

pes•cue•zo *SUSTANTIVO.* Cuello del animal; parte de atrás del cuello; nuca: *A mi abuela le gustan tanto las gallinas, que les amarra lazos de colores en el pescuezo.*

po•bla•dor/do•ra *SUSTANTIVO.* Persona que ocupa un lugar para vivir en él: *Los primeros pobladores introdujeron nuevos cultivos.*

pol•vo *SUSTANTIVO.* Conjunto de partículas muy pequeñas de tierra que se levantan en el aire y se depositan sobre todas las superficies: *Tengo que limpiar el polvo de los muebles mañana sin falta.*

po•ni *SUSTANTIVO.* Caballo pequeño: *Miguelito pensaba en un nombre para su poni.*

pre•cio *SUSTANTIVO.* Cantidad de dinero que hay que pagar para obtener o comprar algo: *Me pregunto cuál será el precio de ese diccionario tan grande.*

Q q

que•ha•cer *SUSTANTIVO.* Tarea que debe hacerse: *No puedo salir a jugar hasta que no termine los quehaceres de la casa.*

R r

re•com•pen•sa *SUSTANTIVO.* Premio que se da a alguien por haber hecho algo bien: *Patricia recibió de recompensa una bicicleta nueva por haber salvado aquel perrito del río.*

re•fun•fu•ñar *VERBO.* Protestar en voz baja: *Aunque Javier refunfuñó un buen rato, tuvo que ir a lavar los platos.*

re•so•nar *VERBO.* Producir un sonido; sonar: *El eco de su voz resonaba en las montañas.*

precio

res•pe•to SUSTANTIVO. Cortesía y buenos modales con los que se trata a una persona: *Lo trataron con el respeto que se merecía.*

respeto

ro•bus•to/ta ADJETIVO. Fuerte, resistente: *Su abuelo es un hombre robusto y saludable.*

S s

sal•pi•car VERBO. Manchar una cosa con las gotas de un líquido: *El agua de la orilla me salpicaba los pies.*

sal•sa SUSTANTIVO. Alimento que sirve para acompañar las comidas y dar sabor: *La salsa de tomate con orégano va de maravilla con los espaguetis.*

sed SUSTANTIVO. Ganas, deseo de beber: *¿Sabías que el camello resiste la sed durante muchos días?*

si•len•cio•so/sa ADJETIVO. Callado; sin ruido: *El pueblo quedó silencioso tras la marcha del circo.*

so•ni•do SUSTANTIVO. Sensación que se percibe en el oído: *Se durmió con el sonido de las olas.*

T t

te•cho SUSTANTIVO. Parte superior de un edificio o cuarto: *Mañana viene Manolo a arreglarnos el techo de la casa.*

salpicar

te•so•ro *SUSTANTIVO*. Dinero o conjunto de objetos de mucho valor que se guardan en un lugar seguro; conjunto de riquezas escondidas: *Al fin encontraron el tesoro que habían estado buscando durante años.*

tesoro

tie•rra *SUSTANTIVO*.

1 Terreno dedicado al cultivo: *Santiago soñaba con tener su propia tierra algún día para sembrarla de trigo.*

2 Materia inorgánica, principal componente del suelo natural: *La finca de doña Bárbara tiene la mejor tierra.*

V v

va•lle *SUSTANTIVO*. Depresión de tierra entre montes o alturas: *Acampamos al lado de un lago, en el valle que había al pie de la montaña.*

ve•loz *ADJETIVO*. Ágil, ligero, rápido: *Pablo es el niño más veloz de la escuela. Pero nadie lo llama Pablo, todos lo llaman Flecha.*

via•jar *VERBO*. Ir de un lugar a otro, generalmente lejano, en cualquier medio de transporte: *Alberto es periodista y tiene que viajar constantemente.*

vid *SUSTANTIVO*. Planta trepadora cuyo fruto es la uva: *El campo sembrado de vides era el orgullo de la famila.*

Acknowledgments

Text

Page 12: From *Doctor Coyote* retold by John Bierhorst. Text copyright © 1987 by John Bierhorst. Reprinted by permission of Simon & Schuster Books for Young Readers, an imprint of Simon & Schuster Children's Publishing Division.

Page 14: From *Ananse's Feast* by Tololwa M. Mollel. Text copyright © 1997 by Tololwa M. Mollel. Illustrations copyright © 1997 by Andrew Glass. All rights reserved. Reprinted by permission of Clarion Books/Houghton Mifflin Company.

Page 34: From "The Fox and the Stork" from *Fifty Fabulous Fables* by Suzanne I. Barchers. Copyright © 1997 Suzanne I. Barchers. All rights reserved. Reprinted by permission of Teacher Ideas Press, A Division of Libraries Unlimited, Inc.

Page 38: From *The Lost Lake* by Allen Say. Copyright © 1989 by Allen Say. All rights reserved. Reprinted by permission of Houghton Mifflin Company.

Page 40: *Mamá y papá tienen un almacén* by Amelia Lau Carling. Copyright © 1998 by Amelia Lau Carling. Reprinted by permission.

Page 58: From *Fire!* by Caroline Evans. Copyright © 1995 by the National Wildlife Federation. Reprinted from the October 1995 issue of RANGER RICK Magazine with the permission of the publisher, the National Wildlife Federation.

Page 60: *Los pájaros de la cosecha* by Blanca López de Mariscal. Illustrated by Enrique Flores. Reprinted with permission of the publisher, Children's Book Press, San Francisco, CA. Story copyright © 1995 by Blanca López de Mariscal. Illustrations copyright © 1995 by Enrique Flores.

Page 80: From *Darkness and the Butterfly* by Ana Grifalconi, 1987, pp. 1–6. Copyright © 1987 by Ana Grifalconi. Reprinted by permission of Little, Brown and Company

Page 82: *One Grain of Rice: A Mathematical Folktale* by Demi. Published by Scholastic Press, a division of Scholastic Inc. Copyright © 1997 by Demi. Reprinted by permission of Scholastic Inc.

Page 105: From *Rice* by Lynne Morrison. Illustrated by John Yates. Copyright © 1990 by Carolrhoda Books, Inc. All rights reserved. Reprinted by permission of the publisher.

Page 108: From *Uncle Nacho's Hat* adapted by Harriet Rohmer. Copyright © 1998 by Harriet Rohmer. Reprinted with permission of the publisher, Children's Book Press, San Francisco, CA.

Page 110: *The Woman Who Outshone the Sun* by Alejandro Cruz Martinez. Text copyright © 1991 by Children's Book Press and Rosalma Zubizarreta. Pictures copyright © 1991 by Fernando Olivera. Reprinted with permission of the publisher, Children's Book Press, San Francisco, CA.

Pages 128–131: "Piedras", "Sombra", "Quetzal", "Arañas" by Humberto Ak'abal from *Lluvia de luna en la cipresalada*. Text copyright © 1996 by Humberto Ak'abal. Reprinted by permission of Librerías Artemis-Edinter. "Luna lunera" by Carlos Murciano from *Canto y cuento: Antología poética para niños* by Carlos Reviejo y Eduardo Soler. Text copyright © 1997 by Carlos Murciano. Reprinted by permission. "Sky Bear" from *The Earth Under Sky Bear's Feet* by Joseph Bruchac, 1995. Copyright © by Joseph Bruchac. Reprinted by permission of Penguin Putnam Inc. "The Stars/Las Estrellas" from *Grandmother's Nursery Rhymes* by Nelly Palacio Jaramillo. Text copyright © 1994 by Nelly Palacio Jaramillo. Translation © 1994 by Raquel Jaramillo. Reprinted by permission of Henry Holt and Company, Inc.

Page 134: From *Grandpa Is a Flyer* by Sanna Anderson Baker. Text copyright © 1995 by Sanna Anderson Baker. Excerpt reprinted by permission of Albert Whitman & Company.

Page 136: *El canto de las palomas* by Juan Felipe Herrera. Illustrated by Elly Simmons. Reprinted with permission of the publisher, Children's Book Press, San Francisco, CA. Story copyright © 1995 by Juan Felipe Herrera. Illustrations copyright © 1995 by Elly Simmons.

Page 158: From *A Cricket in Times Square* by George Selden. Copyright © 1960 by George Selden. Copyright renewed © 1988 by George Selden Thompson. Reprinted by permission of Farrar, Straus & Giroux, Inc.

Page 160: *Tom* by Daniel Torres. Copyright © 1995 by Daniel Torres. Reprinted by permission of NORMA Editorial.

Page 185: "Jaguar con papel de seda" from *Dibujar y crear animales* by Montserrat Llongueras, Cristina Picazo y Anna Sadurní. Copyright © 1997 by Montserrat Llongueras, Cristina Picazo y Anna Sadurní. Reprinted by permission of Parramón Ediciones, S.A.

Page 188: From *Allie's Basketball Dream* by Barbara E. Barber. Illustrated by Darryl Ligasan. Text copyright © 1996 by Barbara E. Barber. Illustrations copyright © 1996 by Darryl Ligasan. Reprinted by permission of Lee & Low Books Inc.

Page 190: *La pelota* by Lluís Solé Serra. Illustrated by Carme Solé Vendrell. Text copyright © Lluís Solé Serra. Illustration copyright © Carme Solé Vendrell. Reprinted by permission of the author and the illustrator.

Page 208: From "Moving Along On Bike Trails" by Stewart Warren, *The Herald News*, August 5, 1998. Reprinted by permission of Copley Press, Joliet, IL.

Page 210: From *More Than Anything Else* by Marie Bradby. Illustrated by Chris K. Soentpiet. Text copyright © 1995 by Marie Bradby. Illustrations copyright © 1995 by Chris K. Soentpiet. Reprinted by permission of Orchard Books, New York.

Artists

Pages 160-182: Daniel Torres

Pages 188-189: Darryl Ligasan

Pages 190-205: Carme Solé Vendrell

Pages 208-209: Jeremy Tugeau

Pages 210-225: Chris K.Soentpiet

Pages 230-231: Laura Ovresat

Pages 232-249: Michael Garland

Pages 250-253: Tom Saecker

Pages 254-255: Blair Drawson

Pages 278-293: Ted Rand

Pages 298-314: Susan Spellman

Pages 318-337: Rob Roth

Pages 342-357: Chris Van Allsburg

Pages 360-363: Anne Rockwell

Pages 364-367: Marc Mongeau

Photographs

Pages 10-11: © Bob Daemmrich

Page 32: Courtesy Tololwa M. Mollel

Pages 38-39: Sharon Hoogstraten

Pages 56-57: Allan Penn Photography for Scott Foresman

Pages 78-79: Allan Penn Photography for Scott Foresman

Page 103: Courtesy Henry Holt and Company, Inc.

Page 105: Sharon Hoogstraten

Page 106: © Michael Ma Po Shum/Tony Stone Images

Page 126: Courtesy Children's Book Press

Page 226: (T) Courtesy Orchard Books; (B) Courtesy Chris K. Soentpiet

Page 229: (T, BL) © CORBIS/BETTMANN-UPI; (BR) "Sí se puede" © 1996, Juana Alicia, Susan Kelk Cervantes, Margo C. Bors, Gabriela Luján, Olivia Quevado, Elba Rivera; Photo © 1996, Rik Clingerman

Page 248: Richard Hutchings for Scott Foresman

Pages 256-257: Sharon Hoogstraten

Pages 259-271: George Ancona

Page 274: The Granger Collection, New York

Page 275: © David Carriere/Tony Stone Images

Pages 276-277: Sharon Hoogstraten

Page 294: (ALL) Courtesy William Morrow

Pages 296-297: © Janet Gill/Tony Stone Images

Page 314: Courtesy William Morrow

Pages 338-339: Allan Penn Photography for Scott Foresman

Pages 340-341: Sharon Hoogstraten

Page 358: AP/Wide World